Toten Dichtern folgt man nicht

buch & media

Am Anfang stand das Beobachten von Natur, Menschen und Ereignissen in den Kriegs- und Nachkriegsjahren im Fokus von Heinrich Labentsch (alias Hego Laben).
Nach Berufsausbildung, Seefahrt und Studium (Dipl.-Ing.) deutete sich im Laufe der Jahre ein analytisches Denken an, das in einer nicht endenden Skepsis verharrt. Der Mensch, um den sich doch alles drehen muss, stellt sich lediglich als leicht manipulierbare und immer knetbare Masse dar. Die Erkenntnis darüber mündet schließlich in fröhliche, ironische und mehr oder weniger sarkastische Aufzeichnungen, Bücher und Manuskripte.

Vom Autor erschienene Publikationen:

Merkwürdige Geschichten eines Reihenhäuslers (2000; Neuauflage geplant)
Wasser an Deck (2001)
Verse, die man ... (2003)
Der unsichtbare Faden (2004)
Worte im Kreis (2009)

Heinrich Labentsch

Toten Dichtern folgt man nicht

... es sei denn, man hat Tucholskys »Schloss Gripsholm« gelesen

Eine frühlingshafte Erzählung

buch & media

Weitere Informationen über den Verlag und sein Programm:
www.buchmedia-publishing.de

Originalausgabe
August 2018
Buch&media Publishing, München

Umschlaggestaltung: Franszika Gumpp
unter Verwendung eines Bilds von © flickr.com/ Allie_Caulfield
ISBN print: 978-3-95780-138-8
ISBN epub: 978-3-95780-139-5
ISBN pdf: 978-3-95780-140-1
Printed in Germany

INHALT

Ich widme dieses Buch meiner lieben Frau Ursel,
die in diesem Jahr in Frieden von uns ging.
Ohne sie wäre die Erzählung nicht entstanden.

Heinrich Labentsch,

St. Blasien,
Im August 2018

MAN TRAF SICH ZUFÄLLIG

Welten explodieren, verschmelzen zu schwarzen Löchern, Universen verschwinden in den ungeahnten Weiten des Raumes ohne Spuren zu hinterlassen, Landmassen versinken im Meer, Vulkane speien glühende Lava, verlöschen in grünen Höllen, Völker bringen sich um oder richten sich auf, Menschen aber begegnen sich, überall auf unserer Erde, sie haben keine andere Wahl, es gibt zu viele.

Zwei davon wollten sich auf dem Bahnsteig am Gleis 18 im Düsseldorfer Hauptbahnhof treffen. Dort, wo die Züge nördliche Richtungen einschlagen. So war es abgemacht.

Er, der Mann, stand am großen gelben Fahrplan und studierte die Abfahrtszeiten. Die randlose Brille mit den nahtlosen Gläsern lässig in der Hand, näherte er sich mit dem Gesicht mal mehr, mal weniger der aluminiumgefassten leicht erblindeten Glasscheibe, die zu eifrige Reisende daran hindern sollte, sich den für sie interessanten Teil des Fahrplans abzupflücken und einzustecken.

›Er testet seine Weitsichtigkeit, der Eitle‹, konstatierte sie vergnügt, als die bekannte Statur in ihr Blickfeld geriet. Elegant wirkte er in seinem hellen Trenchcoat, der jugendliche Herr in den Fünfzigern, ihr Partner im neuen, spannenden Spiel der Geschlechter.

Der frühlingshafte Wind, in Bahnhöfen immer sehr zugig, hatte die flatternden Mantelschöße gekonnt um die Beine des Herrn gewickelt, sodass es von der Seite aussah, als sei er mit altmodischen Knickerbockern angetan. ›Tucholsky trug bestimmt auch diese englischen Klassiker der damaligen Herrenmode, als er in den dreißiger Jahren des vergangenen Jahrhunderts mit seiner Prinzessin nach Schweden fuhr‹, dachte sie und eine unbändige Freude, eine unerklärliche Abenteuerlust überkam sie. Wild stürzte die Dame auf den eingewickelten Herrn zu und warf sich ihm an den Hals. Leider nur theoretisch, denn er suchte mit ehrgeiziger Intensität den brillenentbehrlichen Leseabstand zum Fahrplan und trat einen ganzen Schritt zurück. So sauste das schwarzhaarige Energiebündel im schicken kaschmirwollenen Reisekostüm hart an seiner Nase vorbei und wurde nur von dem unhandlichen Lederkoffer aufgehalten, der sie zwang, eine tiefe Verbeugung zu machen und der sie unsanft auf den harten Steinboden geworfen hätte, wenn der Herr nicht – ganz Gentleman – im letzten Moment doch noch zugegriffen hätte. Es bot sich ihm nämlich eine schlanke Taille dar und so etwas verfehlte er nie.

»Hoppla, junge Frau, wohin so eilig?«, und schon verschloss ihm ein blassrot-dunkelvioletter Mund die Lippen. »Schon wieder eine neue Lippenstiftfarbnuance«, konnte er noch feststellen, dann blieb ihm die Luft weg.

Schnell griff er noch einmal um die schon bekannte Taille und stellte das anhängliche Wesen zunächst einmal in einen sicheren Abstand von einem halben Meter vor ihm auf. »Bist du verrückt«, zischte er sie gar nicht mehr gentlemanlike an: »Wir sind noch in Düsseldorf, ich bin hier zu Hause, wenn uns jemand erkennt?«

Sie tat zerknirscht und versteckte ihren Wuschelkopf unter den schlappigen Revers seines Mantels. »Ich bin ja auch von hier«, pflichtete sie ihm kleinlaut bei.

»Du entstammst immerhin dem schönen Düsseldorfer Ortsteil Himmelgeist, die Leute von dort dürfen ohnehin nur in höheren Sphären schweben und haben somit auf dem profanen Boden eines erdgebundenen Bahnhofes auch gar nichts zu suchen«, tröstete er und drückte sie umso fester an sich.

Die besondere Situation zwang ihn dennoch, eine leichte Rüge in die duftende Frisur der lockenden Region ihres zierlichen Ohres zu flüstern: »Dass du es nur weißt, ich befinde mich ganz allein, *mutterseelenallein* auf dem Wege in eine längst überfällige Kur, bin mitten im Sprung in eine erquickliche Regenerierungsphase von sage und schreibe vier Wochen Dauer, die unter anderem strengste Ruhe vorschreibt und außerdem durch keinerlei Störung von außen beeinträchtigt werden darf. Nur bei meinem Tode erlaubt sich die Klinikleitung, die Familie zu benachrichtigen. Selbst das Handy habe ich auf Anraten meiner fürsorglichen lieben Frau bereitwillig zu Hause gelassen …«

»Was ist das denn hier in deinem Jackett?«

»Ach, wie dumm, das ist die Reserve aus dem Büro, habe ich völlig übersehen, na lassen wir das. Und was hast du deiner Familie hinterlassen?« Er sprach leise, flüsterte fast, auf dem lauten Bahnsteig eigentlich völlig überflüssig, aber das Geheimnis der beiden musste ihre Angelegenheit bleiben, durfte vom neugierigen Wind nicht verbreitet werden, schon gar nicht in ihrer rheinischen Heimatstadt, obwohl diese für Verschwiegenheit weit über die Grenzen des Landes hinaus bekannt ist. Sie ging noch nicht darauf ein und fragte:

»In welcher Klinik bist du in den nächsten vier Wochen zu erreichen – im Notfall? Deine Frau könnte doch auch sehr plötzlich sterben, – hypothetisch – meine ich.«

»Meine Frau und sterben.« Er heulte verzweifelt auf. »Die überlebt mich um Jahrzehnte, die ist zäh ...«

»Du hast ihr also keine Adresse genannt?«

»Nein, ich habe ihr weisgemacht, dass die Geheimhaltung des Standortes nach den neuesten psychologischen Erkenntnissen der Mediziner zu einer erfolgreichen Therapie gehört und sich dadurch ungeahnte Heilerfolge erzielen lassen.«

»Und das hat sie dir abgenommen?« Die Skepsis in ihrer Frage tropfte wie Regen auf den kaugummigedämpften Bahnsteig.

»Ja, selbstverständlich«, entgegnete er überheblich, von den eben genannten Tropfen keineswegs benetzt, »sie glaubt mir alles!«

»Ah, ja?« Der Tonfall in ihrer Stimme machte selbst den lungernden Tauben klar, dass sie seine Auffassung keineswegs teilte. Aber Männer sind so von sich eingenommen, dass sie unablässig glauben, mit plumpen Lügen alle Ehefrauen der Welt übertölpeln zu können. Sie hatte auch so einen Selbstgefälligen im Haus.

»Nun sag schon, wie hast du den Gatten und die Kinder überzeugt?«

»Ich habe dir ja erzählt, dass mein Mann ebenfalls kuren will. Wir hören seit Wochen nichts anderes mehr. Wie nervig der Kerl sein kann, das glaubst du ja gar nicht.«

»Du Arme.« Tröstend tätschelte er ihren Arm.

»Ja, und so nutze ich die günstige Gelegenheit, mich einem supergesunden Wellness-Event in einer speziellen Anti-Aging-Herberge zu unterziehen. Damit sie mich auch wirklich um zehn Jahre jünger macht, gleich für volle vier Wochen. Die Nachbarn schauen abwechselnd nach dem Haus.«

»Schön clever, und dein Mann, hat der nicht nach der Adresse des Hotels gefragt?«, unterbrach er sie hastig.

»Nein, der Gute ist mit seiner lädierten Gesundheit voll beschäftigt, den hat meine Schönheitsunternehmung überhaupt nicht interessiert.«

Der Mantelmann schüttelte verständnislos den Kopf. »Überhaupt nicht interessiert«, wiederholte er gedehnt, »das wäre mir nicht passiert. Als Ehemann muss man doch wissen, was die eigene Frau so treibt. Stell dir das einmal vor: Im Luxushotel mit schickem Bademantel und nichts darunter an, dauernd ein Glas Sekt in den prickelnden Fingern und angeregt wandert sie von einer Masseurshand in die andere. Abends in der schummrigen Bar umgibt sie sich mit jungen, gut gebauten Kellnern vom Balkan oder dem Vorderen Orient, und das sind beileibe keine Eunuchen. Um Himmelswillen. Und dann erst die fürstlichen Trinkgelder, die sie ausgeben wird!« Erregt schüttelte er sie.

Lächelnd wehrte sie ihn ab. »Eifersüchtig? Sei froh, dass er so dämlich ist. Jetzt reden wir aber nicht mehr über die Bremsklötze, jetzt beginnt unser ersehntes Wagnis, unser ganz eigenes Abenteuer …« Sie unterbrach sich selbst und schaute ihn von unten herauf prüfend an. »Es wird doch eins, oder denkst du auch bei meiner bescheidenen Person an sündhafte Trinkgelder?«

Er grinste. »Sündhaft denke ich schon, aber nicht in Bezug auf Trinkgelder. Die werden sich ohnehin in Grenzen halten. So, und nun reduziere bitte den intensiven Körperkontakt. Man könnte uns glatt für ein Liebespaar halten. Bitte Abstand! Wir haben uns rein zufällig getroffen, benutzen ungewollt den gleichen Zug und werden – Schicksal nimm deinen Lauf – an ein- und derselben Station aussteigen.«

Sie dachte gar nicht daran, sich von ihm zu lösen. Im Gegenteil, die Dame umklammerte den Mann noch fester und ihre kurze Rede glich einem Manifest. »Es beginnt hier, mein Lieber, hier auf diesem Bahnsteig. Auf einem solchen stiegen Tucholsky und seine Prinzessin, seine Lydia, in einen Zug der Deutschen Reichsbahn, und sie landeten in Schweden im Schloss Gripsholm. Und so will ich auch mit dir in das Land der Birken schweben und den intensiven Duft des skandinavischen Frühlings schnuppern und noch einmal die Liebe genießen. Anderes bleibt zurück. Ich will wieder, wenn auch nur für wenige Wochen, das Glück pachten. Sollte selbst das Gras in diesem Monat noch sehr kühl sein, und sollte der Wiesenboden uns den Popo anfeuchten, so werden wir dennoch unsere Seelen baumeln lassen, genauso wie es uns der gute Kurt Tucholsky in seiner Erzählung ›Schloss Gripsholm‹ überliefert hat. Und wenn uns jetzt in diesem Moment irgendeine fiese Möpp erkennt und die Hölle, die geifernden Weiber und den Klatsch darin in Bewegung setzt, es ist mir egal. Für dich, Geliebter, bin ich frei, frei, frei!«

Temperamentvoll fuchtelte sie mit ihrer rechten Hand unter seiner Nase herum und wies auf den Ringfinger, der tatsächlich vom Ehering befreit war. Nur ein schmaler blasser Streifen Haut verriet die Stelle, wo das goldene Relikt einer überholten Generation normalerweise angeordnet ist.

»Demnach handelt es sich bei uns um ein jungfräuliches Paar. Tut mir leid, meine Liebe, so genau habe ich meine Rollen noch nicht studiert. Doch dein Wille ist mir Befehl. Außerdem bist du die belesene Literatin, du führst die Regie!«

»Die Jungfräulichkeit nimmt uns wohl niemand mehr

ab. Von dieser anatomischen Einrichtung hatten sich Tucholsky und seine Prinzessin vermutlich auch damals schon verabschiedet, aber sie und wir, die heutigen Protagonisten, fühlten und fühlen uns nicht gesetzlich verbunden. Wir verhalten uns zwar wie ein Paar, Peter, aber wähnen uns unabhängig in unseren Rollen, sind also auch frei in unseren Entscheidungen. Diese vermeintliche Freiheit lockt hinter einem unsichtbaren Zaun. Springt einer von uns hinüber, hält er es nicht mehr in der Umzäunung aus, ist das Spiel aus, fällt der Vorhang und alles Vergangene ist nur noch eine Episode.« Lydia sprach mit vollem Ernst, sie hatte sich abgewandt und deklamierte in einen nicht vorhandenen aber zeugnisbereiten Zuschauerraum hinein.

Peter ließ sich nicht von der Situation einfangen. Zärtlich nahm er ihre Hand und küsste den ungepanzerten Finger. »Da fällt mir der Schulaufsatz eines kleinen Mädchens ein«, sprach er leise und fummelte seinerseits mit der rechten Hand in der Manteltasche. »Es sollte über die Nibelungensage berichten und schrieb: Kriemhild verriet dem bösen Hagen, dass Siegfried eine ›wunderbare Stelle‹ an seinem Körper besitzen würde. Sie meinte aber ›verwundbare Stelle‹. Intelligentes Mädchen, was? – Die blasse Stelle an dem sichtbaren Glied deiner Hand, bietet allerdings auch eine gefährliche Blöße, könnte dich verraten, muss getarnt werden.« Plötzlich lag ein klitzekleines Kästchen in seiner offenen Hand.

»Auf Gleis achtzehn hat Einfahrt der Intercity zweiundfünfzignullzwei über Rhabarber, Rhabarber, Rhabarber; Hamburg, Rhabarber, Rhabarber, Ostseebad Binz, planmäßige Abfahrt siebenuhrzweiunddreißig. Bitte von der Bahnsteigkante zurücktreten.«

Das nicht öffentliche Paar wurde bei dieser blechern schallenden Ansage nun doch leicht nervös. Er ließ die geschachtelte Tarnung wieder in die Manteltasche verschwinden, knöpfte den flatternden Mantel zu, nahm seinen und ihren Koffer in die Hände und war zum Einsteigen bereit. Sie trug als Last lediglich eine mittelgroße Handtasche, strich sich mit der anderen Hand noch mal kurz eine vorwitzige Haarsträhne aus der Stirn und fieberte dem nun beginnenden Abenteuer entgegen. Es stand sehr viel auf dem Spiel und die Gefahr, wieder in die angestammten Rollen zu verfallen, war jederzeit vorhanden. Würde es passieren, können sie eine ernste Auseinandersetzung nicht vermeiden, dann hätten sie beide verloren, dann schlüge das Schicksal, das einem russischen Roulette gleichende Spiel, erbarmungslos zu. Eine Trennung –, aber soweit wollte sie jetzt nicht denken. Der Auftakt zur Ouvertüre jedenfalls war gelungen.

ZUM NORDEN, DEN VÖGELN NACH

Während Tucholsky und seine Prinzessin damals das Glück hatten, in einem fast leeren Zugabteil von Berlin gen Norden zu fliegen, so bietet die Bahn AG heute ihren reisenden Kunden kein solches Kunststück mehr, sondern versucht selbst ein ökonomisches Wunder zu erhaschen, den in ganz, ganz weiter Ferne lockenden Profit. Also stopfen die gestressten Manager der privatisierten Bahn die Züge mit Fahrgästen voll. Optimierte Auslastung nennen sie das. Der deutsche Bahnreisende ist darüber informiert und beschafft sich mindestens eine oder mehrere Platzkarten. Die Bahn AG weiß selbstverständlich auch, dass gewitzte Reisende ihrerseits solche Tricks anwenden und verkauft den einzelnen Platz sicherheitshalber gleich mehrfach, wegen der optimalen Ausnutzung eben.

Nachdem das Düsseldorfer Pärchen, das man wohl als verheiratet, aber doch nicht als ein Ehepaar betrachten musste, sich in den schnittigen Großraum-Panoramawagen gezwängt hatte, fand es leider seine reservierten Plätze besetzt. Ein ganz unglücklicher Zufall, einer der äußerst wenigen, die höchstens zwei Mal bei rund einer Million Buchungen vorkommen, wie der akademisch vorgebildete Zugbegleiter mit großem Bedauern vermerkte. Aber die zwei Individuen, die die reservierten Plätze eingenommen hatten und ebenfalls gültige Platzkarten vorweisen konnten, waren eben nicht zu spät, das heißt in Düsseldorf, sondern rechtzeitig, nämlich in Köln zugestiegen.

Bevor sich nun das allgemeine Bedauern potenzierte, hatte der Zugbegleiter, dem trotz der intensiv erfahrenen Reklamations-Abwehrunterweisung noch eine vernünftige Portion Pragmatismus verblieben war, irgendwie zwei Plätze freischaufeln können, auf die sich das Paar, inzwischen leicht reizbar und verfärbt, niederließ.

»Wer zu spät kommt, den bestraft das Leben, hat das nicht schon Cicero gesagt, Daddy?«, fragte die aparte schwarzkurzhaarige Dame ihren Begleiter, der sich mühsam aus seinem Trenchcoat geschält hatte.

»Keine Ahnung, aber der letzte, der mit diesem Motto Weltpolitik machte, war der Genosse Gorbatschow. Aber wieso nennst du mich Daddy? Soll ich dein Vater sein? Das nenne ich unfair.« Beleidigt knurrte er sie an. Leise versteht sich, Mithörer brauchten sie im Moment noch nicht.

»Die Prinzessin nannte ihren Kurt immer Daddy. Wir müssen uns jetzt auch tief in unsere Rollen hineinversetzen, weißt du – auf unserem Weg in das Schloss. Es geht doch nach Gripsholm, oder?« In ihrem »Oder« verbarg sich eine verborgene Drohung, ein Ausdruck der unguten Ahnungen, die Frauen überkommen, wenn Männer eigenständig etwas organisiert haben.

Er überhörte diese Warnung und antwortete: »Sie hat aber auch Peter zu ihm gesagt, und hin und wieder nannte er sie ›Alte‹.«

»Ein Peter bist du ja im richtigen Leben. Nee, das geht nicht. Wie wolltest du denn als Junge heißen, bestimmt doch anders?«

»Ich wollte immer Kurt heißen.«

»Du schwindelst! Ich nenne dich Alexander, basta. Da kannte ich ’mal einen flotten Burschen …«

»Vor deiner Ehe oder während?«, unterbrach er sie frech. Dafür kassierte er einen ordentlichen Knuff in die Rippen.

»Gripsholm?«

Er lenkte ab. »Steh mal vorsichtig auf und schaue dich im Wagen um, ob du da jemanden kennst, Alte!« Sie reagierte nicht. »Bitte«, ergänzte er.

»Also, so sprichst du nicht mit mir, wir sind doch nicht verheiratet!« Erregt sprang sie auf und wurde dabei unbewusst etwas lauter. Eine Mitreisende schräg gegenüber, die Zeichen der längst verlassenen Jugend im emanzipierten Gesicht gekonnt kaschiert, blickte auf und nickte ihr Mut machend zu. Das verhieß Solidarität.

»Hast du jemanden gesehen, der uns kennen könnte?«, wiederholte er ungerührt. Sie schwieg, hatte sich wieder gesetzt und blickte interessiert aus dem Fenster in das vorüberhuschende Ruhrgebiet und auf die wenig attraktiven Gebäude, die sich an der immer tristen Bahntrasse niedergelassen hatten. Nach einigen vorbeigeflogenen Stadtteilen wandte sie sich ihm zu und hämmerte ihren Zeigefinger im Takt der Worte tief in seine Brust: »Alte nicht, mein Lieber, Alte nicht!«

»Prinzessin erscheint mir aber sehr antiquiert. Zu Tucholskys Zeiten mag das ja noch als Kompliment gegolten haben, aber bei dem heutigen Ruf des verbliebenen Hochadels? Nein. Ich nenne dich Lydia. Der Name geht mit der reizenden Geschichte des genialen Berliners konform. Lydia war damals schön, Lydia ist heute schön. Er verkörpert mir die totale verführerische Weiblichkeit, er passt hinreißend zu dir.« Und er drückte sie an sich. Angesichts der noch unbekannten, streng tuenden Dame gegenüber, traute sich der gerade ernannte Alexander dennoch nicht, seinen illegalen Schatz zu küssen.

Lydia verhielt sich still und verblieb ein Weilchen im angenehmen Kontakt mit dem Herrn als solchen. Sie schaute zu ihm hoch und sprach sanft: »Ich habe im Abteil niemanden gesehen, der mich kennen könnte. Zufrieden?«

»Ja sehr«, lobte er sie, »aber mit deinem neuen Lippenstift hätte dich sowieso niemand erkannt. Dieses unbeschreibliche Rot bedeutet die perfekte Tarnung. Es steht dir übrigens sehr gut.«

»Das ist dir aufgefallen? Wie glücklich darf ich mich schätzen, dich noch kennengelernt zu haben.« Sie gab ihm einen schmalzigen Kuss auf die Wange. »Das hätte mein alter Gockel zu Hause nie bemerkt!«

»Immerhin bezeichnest du deinen dir amtlich Angetrauten noch als Hahn, das könnte der direkt als Kompliment auffassen«, bemerkte er süffisant und bekam postwendend wieder einen derben Knuff in die Seite. Mehr nicht, diese ausdrucksstarke Geste musste reichen, benötigte keine verbale Assistenz. Ihrer beider Sicherheit ging zunächst vor, so riet sie ihm:

»Jetzt musst du aber mal deine weitsichtigen Blicke schweifen lassen. Als honoriges Mitglied der männlichen Grafenberger Oberschicht muss man deine Anwesenheit mit mir als offenkundiges amouröses Anhängsel hier im Zug als viel brisanter ansehen. Da, schräg hinter dir, der Kahlköpfige da am Fenster, der schaut schon eine ganze Weile so neugierig zu uns herüber. Kennst du den?«

Er machte Anstalten aufzustehen, wurde jedoch umgehend am Arm heruntergezogen. »Unauffällig«, raunte sie.

»Mach ich doch«, zischte er zurück, blieb in gebückter

Haltung stehen und legte die Hand über die Augen wie Karl Mays Winnetou und schaute sich in aller Seelenruhe im Salonwagen um. »Es hocken hier nur tapfere Krieger, keine Kriegsbeile zu sehen, lediglich flimmernde Laptops auf ihren Lendenschürzen. Sie schauen besorgt umher. Das Feuerross ist ihnen zu langsam. ›Mehr Dornen unter dem Kessel‹, verlangen ihre gehetzten Blicke. ›Mehr Dampf in die Zylinder‹, fordern die piepsenden Handys. ›Schneller, schneller‹, hämmern ihre nervösen Finger in die Tastaturen. Dennoch, keine Gefahr für uns, liebe Apanatschi, die apokalyptischen Reiter der Hektik haben uns längst überholt. Howgh, Häuptling Alexauge hat gesprochen!«

Fremd, sehr fremd, sah ihn die Frau an seiner Seite an: »Du bist aber jetzt ziemlich albern, nicht wahr. Der Tucholsky hat damals auch eine Menge Dummheiten gemacht, da im Brunnen vom Schloss und so, aber zu uns passt das heute nicht mehr.«

»Wo Sie recht haben, haben Sie recht, liebe Freifrau von Fein und Vernünftig, entschuldigen Sie bitte meine Entgleisung, soll nicht wieder vorkommen. Haben Sie Ihr handgeschnitztes Elfenbein-Strickzeug dabei? Stricken Sie mir bitte einen Rollkragenpullover, einen aus dem überlieferten Seemannsgarn warmherziger Schriftsteller. Es soll ja am Meere so sehr kalt sein.«

›Nun muss man nicht auf jeden Quatsch dieser Welt antworten‹, dachte sich auch Lydia. Sie kuschelte sich dafür an den kürzlich ernannten Alexander. »Jetzt bestätige mir endlich, dass wir nach Schweden fahren, mein lieber Unterhäuptling, mit dem Meer hast du dich bereits verraten.«

»Zunächst müssen wir Ihre amoralische Blöße bedecken, meine liebe Dame. Her mit dem verräterischen Körperteil.«

Gleichzeitig entnahm er dem kleinen Schächtelchen einen zauberhaften Brillantring und schob ihn ihr vorsichtig über den Finger. »Das ist aber lieb von dir«, hauchte sie zurück und küsste ihn leidenschaftlich auf den Mund.

Das wiederum konnte die schräg gegenübersitzende Dame nun nicht mehr übersehen. Mit leicht indigniertem Blick aus ihren schwarz betonten Augen starrte sie das reichlich erwachsene Paar unverhohlen an. Lydia strahlte. Sie hob die rechte Hand in die Höhe. »Unsere erste Verlobung«, schwärmte sie laut, »und nun fahren wir nach Schweden, sozusagen unsere Verlobungsreise, ach Liebling, ich bin dir ja so dankbar. Das hier ist mein Verlobter, Alexander heißt er.« Hingerissen schaute sie abwechselnd ihn und die fremde Dame an.

»Meinen Glückwunsch«, beeilte sich die Dame zu äußern. »Ja, nach Schweden, nach Schweden würde ich auch gerne fahren. Kennen Sie die Geschichte vom Schloss Gripsholm, kennen sie Kurt Tucholsky, der sie verfasst hat? Eine ›schöne Literatur‹ hatte der Verleger Ernst Rowohlt damals gefordert und eine zarte erotische Liebesgeschichte bekommen ...«

Sie wurde von Alexander unterbrochen. Ein bisschen verlegen murmelte er und schaute dabei seine Lydia von der Seite an: »Es ist ihr Wunsch nach Schweden zu fahren. Sie hat sich da vielleicht zu sehr hineingesteigert. Nein, wir fahren einfach nur so ins Blaue. Und das Ziel muss bis zum Schluss ein Geheimnis bleiben, nicht wahr, Lydia?«

»Oh, das kann kein Zufall sein, mein Herr, Ihre Verlobte heißt Lydia. Genau so nennt Tucholsky seine Prinzessin, vielmehr, er nennt sie Prinzessin, obwohl sie Lydia heißt, beides sind selbstverständlich erfundene Namen. Vermutlich hatte Tucholsky doch vieles von dem, was er schrieb, selbst erlebt. Und vorbei kam noch Karlchen, ein Freund. Und als der ging, tauchte Billie auf. Und dann die Verwandlung in eine saftige Ménage-à-trois, oh, là, là, mein Herr. Tucholsky ist da oben ja auch begraben, dort in Schweden, wissen Sie doch bestimmt.«

»Was, der ist schon tot, der – wie heißt der gleich noch – der das alles aufgeschrieben haben soll?«, unterbrach jetzt Lydia den enthusiastischen Redeschwall der kundigen Dame, die ihr die ganze schöne Tour zu vermasseln drohte. Da musste doch jetzt mal eine völlig andere Seite in diesem Buch aufgeschlagen werden. Außerdem himmelte das blöde Weib ihren Alexander ungehörig lange an, und bei dem ›oh, là, là, mein Herr‹ glaubte sie, einen sehnenden Unterton vernommen zu haben. So nicht, meine Dame!

»Tucholsky«, half Alexander aus, dem jetzt – wie dem genannten damals – eine Menge Unheil schwante.

»War der denn ein Schwede? Der Name hört sich doch polnisch an. Ein Schwede würde solch ein Durcheinander auch gar nicht erfinden können, das spricht doch mehr für eine polnische Wirtschaft, meinst du nicht auch, Liebster?«

Der Liebste meinte sicherheitshalber gar nichts. Aber die sich jetzt vorbeugende und Distanz vermindernde Dame biss sich fest. »Tucholsky war ein Deutscher, ein Berliner. Er wurde im Jahr achtzehnhundertneunzig geboren und starb neunzehnhundertfünfunddreißig in Schweden. Er gehörte zu den ausdrucksstärksten Schriftstellern seiner Zeit und hat sich vehement gegen die Nationalsozialisten gewandt. Auch, weil er Jude war. Aus diesem Grunde lebte er lange in Frankreich und in Schweden. Man sagt, er sei an Deutschland zugrunde gegangen. Er beging Selbstmord, wie man vermutet.«

»In Schweden, in diesem Land voller Friedfertigkeit, voller vitaler Wikinger, voller blonder Mädchen, voller Frühlingsblumen und voller Schnee im Winter, voller Seen und Rentiere, da bringt sich ein Deutscher um und das wegen Deutschland? Das klingt nicht gut, Alexander, glaubst du das?«

»Ja, wenn die freundliche Dame das doch sagt. Wahrscheinlich hat sie Germanistik studiert. Nicht wahr, haben Sie doch bestimmt?« Unsicher lächelnd hatte sich Alexander der Dame zugewandt. Diese merkte immer noch nichts und antwortete verbindlich: »Ich bin Buchhändlerin.«

»Wann ist der gestorben, neunzehnhundertfünfunddreißig, so früh? Da war ich ja noch längst nicht geboren. Kein Wunder, dass ich solche Leute nicht kenne. Vielleicht gehört dieser Tucholsky wohl mehr zu Ihrem Jahrgang?« Unschuldig grinsend knallte Lydia der gebildeten Buchhändlerin die Frage in die gestylte Visage. Der blieb nicht einmal Zeit, den harten Brocken hinunterzuschlucken. Lydia schob nach.

»In Langenfeld, da gab es einen Bäcker, ich war da noch ein Kind und lebte vorübergehend bei meiner Tante Renate, der hieß auch Tucholsky und buk die süßesten Berliner, die ich je gegessen habe. Berliner – Tucholsky, sehen Sie, das passt schon wieder. Schön, dass man sich so gut unterhalten kann und dann auf diesem hohen Niveau. Alexander sag doch auch mal was. Gerade du hast doch lange die höheren Schulen besucht.«

»Na ja ...«

Diese wirklich erschöpfende Antwort reichte der klugen Lydia bereits. Während sie sich an der hohen Alexanderschule schmiegte, erklärt sie der Dame sehr vertraulich: »Sehen Sie, so ist er, mein Alexander, immer bescheiden, stets zurückhaltend. Mein zweiter Ex, der war da ganz anders. Aber das gehört jetzt nicht hierher. Man muss sich im Gespräch immer unter Kontrolle haben, meine eiserne Regel. Den Gesprächspartner keineswegs mit persönlichen Dingen belästigen, so bleibt man interessant und die Gespräche plätschern munter fort, werden niemals langweilig ...«

Plötzlich unterbrach sie ihre geniale Einlassung, tat so, als gäbe es die Buchhändlerin nicht mehr, als hätte sich die so sympathische Dame in Luft aufgelöst.

»Also, unter diesen Umständen möchte ich dann doch nicht nach Schweden fahren, Liebster. Stell dir vor, überall finden wir dort das Denkmal vom ollen Tucholsky. In jedem Nest gibt es mindestens zwei Tucholsky-Stuben, die nur alkoholarmes Bier ausschenken; wir finden überall eine Tucholsky-Berliner-Bäckerei, und der beste Aquavit heißt Tucholsky-Tropfen, wobei wir womöglich schlampig bedient werden, weil wir ja Deutsche sind, auf die Tucholsky – mit Recht – nicht so gut zu sprechen war. Warum nennt denn dieser Mensch seine Freundin, oder was die auch immer war, ausgerechnet Lydia? Offensichtlich eine unmoralische Person. Man glaubt es kaum, die allein und dann drei Männer und so etwas heißt genauso wie ich. Dabei bin ich wohlbehütet unter dem gesegneten Dach der römisch-katholischen Kirche getauft, gefirmt und verh ... Das gehört jetzt nicht hierher. Und der Tucholsky schreibt so schreckliche Sachen über mich, und das alles in Schweden, das doch so ein schönes Land sein soll.«

Den Tränen nahe, verbarg sich die tief Enttäuschte hinter ihrem Alexander, der bei den beginnenden Tiraden seiner Begleiterin urplötzlich ein steifes Kreuz bekam und dessen Miene sich der des gequälten Tantalos näherte, der unter schrecklichen Qualen leiden muss und nie mehr erlöst wird. Hilflos blickte der Gegenwärtige in die Runde, jedenfalls krampfhaft an der blass und blasser werdenden Buchhändlerin vorbei und wünschte sich sehnlichst von den griechischen Göttern in den langsamer fahrenden Reparaturzug auf dem Nebengleis befördert zu werden.

Die in jeder Beziehung mitgenommene Buchhändlerin legte ihr bedauerndes Mitgefühl in den glühenden Blick, den sie Alexander zum Abschied schenkte, murmelte dabei von Unwohlsein wegen der ungünstigen Sitzposition mit dem Rücken gegen die Fahrtrichtung, ein Umstand, den sie noch nie ertragen konnte, raffte in überstürzter Eile ihre Utensilien zusammen und verschwand.

»Sarah Bernhardt, du kannst die Bühne wieder betreten, das Publikum hat sich wunschgemäß umgebracht und ich brauche jetzt auch dringend eine Prise Arsen. Mädchen, wie kannst du mir so etwas antun? Du bist ja gemeingefährlich, bist du ja! Wenn ich das gewusst hätte …«

»Diese Schnepfe war im Begriff, unsere – mein Freund – unsere Geschichte kaputtzumachen, da muss Notwehr erlaubt sein. Wo ist sie denn hin?«

»Wahrscheinlich aus dem Zug gesprungen oder sie sucht ein ruhiges Abteil, um sich noch rechtzeitig vor dem nächsten Haltepunkt mit ihrem reißfesten Modeschmuck ans moderne Gepäcknetz zu knüpfen.«

»Nun gut, die hätten wir also geschafft.« In aller Seelenruhe lümmelte sich Lydia bequem in ihrem komfortablen Sitzplatz und kam erneut auf ein dringendes Anliegen zu sprechen: »Gripsholm, ja oder nein?«

»Ich höre da so etwas wie eine zarte Kompromissbereitschaft heraus. Ist es möglich, dass sich meine liebe Puristin eventuell auch mit einem anderen Liebesnest zufriedengeben könnte? Oder bleibt sie bei der hundertprozentigen Kopie?« Alexander hatte sie zu sich herübergezogen und sprach sanft in ihr seidiges Haar, das seine Lippen berührte und auch sonst sehr angenehme Gefühle in ihm weckte.

Der diensthabende Lokomotivführer kümmerte sich nicht um die Fragen, Dummheiten, Zweifel und Sorgen der Menschen, die in seinem Zug saßen. Er, der ausgebildete Herrscher über die starken Elektromotoren, sorgte dafür, dass sie »Saft« bekamen, und trieb die mobile Fahreinheit der Bundesbahn, den IC 2502, nordwärts, dem schnurgeraden Band der Schienen entlang.

Die hügelige Landschaft des Tecklenburger Landes hatten sie passiert und nun sauste die niedersächsische Ebene an ihm und den Passagieren vorbei. Der Reiz, den auch diese Landschaft auf Wanderer ausübt, konnte die Insassen nicht begeistern. Zu schnell flog alles nach hinten, flog in den bereits zurückgelassenen Teil der Welt, dem stets der schale Geschmack des Vergessens anhaftet.

»Sage, Liebling, ist es in der Umgebung von Gripsholm auch so flach und stellt sich die Landschaft ebenso als Spinat mit Spargel und gekochtem Schinken dar, wie es uns die Bundesbahn in diesem Moment auf den supergroßen Bildschirmen zeigt?« Nachdenklich fragte Lydia ihren großen Alexander in fast bedächtiger Weise.

»Keine Ahnung, aber es ist nicht ausgeschlossen. Was schrieb denn dein verliebter Kurt? Hatte der Zeit aus dem

Fenster zu schauen oder beflügelte der Anblick der schlanken Beine seiner Lydia zu naheliegenderen Fantasien?«

Die Lydia von heute antwortete nicht. Sie schien müde geworden zu sein, lag halb in den Armen des Mannes und hatte die Augen geschlossen. Alexander wollte das Thema zu einem Ende bringen. Es wurde auch Zeit.

»Es ist bestimmt so flach wie hier, nur in Schweden kommen noch Spiegeleier zum Spinat hinzu. Das sind die Seen mit einer Insel mittendrin und darauf steht immer ein rotes Haus.«

»Dann will ich nicht nach Schweden. Ich mag keine Spiegeleier. Und eine Kopistin bin ich erst recht nicht, und nun tue endlich Butter bei die Fische und sage, wohin es mit uns beiden geht!« Für eine in den Tiefschlaf Gesunkene klang das alles sehr energisch.

»Also, wir fahren an die schöne stille Ostsee. Wir erleben dort die gleichen Wellen, die auch an das schwedische Gestade plätschern, mindestens, wenn der Wind es will. Ich denke diese platonische Nähe hätte unser gedachter Freund Kurt Tucholsky akzeptiert ...«

»Ich akzeptiere die Ostsee auch«, unterbrach Lydia ihren Alexander und erntete dafür einen Kuss auf die zierliche Nase. Er fuhr fort. »Direkt dort hinzufahren, wäre viel zu einfach, wäre ja direkt unromantisch. Würde auch nicht deinem verehrten Schriftsteller entsprechen. Denk mal an seine malerischen Schilderungen von Warnemünde und Kopenhagen mit dem Polisandrion und den Konterfeis der schönen Jünglinge. Nein, unsere erste Station wird Hamburg sein. Wir steigen dort um elf Uhr elf aus dem Zug und fahren um vierzehn Uhr zwei mit einem anderen weiter nach Lübeck. Der Aufenthalt reicht für die Mittagspause im Bahnhofsrestaurant, einen Bummel über die Mönckebergstraße und einen Blick auf die betuliche Binnenalster. Im Hamburger Bahnhof gibt es die beste Aalsuppe von ganz Deutschland. Ich hoffe, du magst Aalsuppe?«

»Gehört ein Spiegelei dazu?«

»Nein, Spiegelei gibt's nur zum Labskaus.«

»Ja gut, dann mag ich vielleicht auch Aalsuppe. Aber sage mal, woher weißt du das so genau, das mit der schmackhaften Suppe. Warst du kürzlich in Hamburg?«

»Nö, zum letzten Mal so in den siebziger Jahren, aber in den Küstenregionen hält man an alten germanischen Traditionen fest. Da ändert sich so schnell nix, da werfen die widerspenstigen Heiden immer noch den kirchlichen Würdenträgern dicke Birkenknüppel zwischen die schönen Beine, da …«

»Bester Mann, wir schreiben heute das Jahr zweitausenddrei nach Christi Geburt. Der Bahnhof wurde bestimmt häufig reformiert und im Restaurant werden wir uns wahrscheinlich selbst bedienen müssen, aber es erhalte der liebe Gott dir deinen Glauben. Und, mein geduldeter Entführer, dir zuliebe werde ich mit Begeisterung Aalsuppe schlürfen, selbst wenn sich Fisch darin befinden sollte.«

IM REGIONALEXPRESS KENNT MAN DIE EILE NICHT

Der RE 35440 legte fast pünktlich um 14:02 Uhr plus einer erträglichen Verspätung vom Hamburger Hauptbahnhof Gleis 7b mit Kurs auf das nordöstlich gelegene Lübeck ab. Zwar blieb der Zug ein rollendes Glied der Bundesbahn, verwandelte sich nicht in ein vom Kai ablegendes Motorschiff, aber Lydia und Alexander wähnten sich in einem solchen, denn es goss in Strömen und der regionale Bahn-Express schien sich wie ein taumelnder Kutter durch ein Regenmeer zu kämpfen.

Hamburg war ein schöner Moment gewesen. Aalsuppe spielte überhaupt keine Rolle, lediglich ein Relikt abgearbeiteter Erinnerungen. Vergessen, als man das Gepäck im Schließfach verstaut hatte. Alexander wusste auch gar nicht mehr, wie Aalsuppe einst geschmeckt hatte. Man speiste anders und anderswo. Man sollte noch einmal wiederkommen, und Hamburg und man sollte ...

Sie schlenderten eng umschlungen durch die Straßen, spannten den Regenschirm auf, wenn Markisen und Arkaden keinen Schutz mehr boten, bewunderten die teuren Auslagen in den Schaufenstern, genossen den Blick auf die Alster, die sich auch im Regen ihre spröde Schönheit bewahrt hatte.

Nun saßen sie wieder in der Eisenbahn, im Regionalzug, zweite Klasse, zuschlagfrei, ganz allein in diesem großen unfreundlichen Wagen aus Blech und Kunststoff.

»Sag ’mal, Prinzessin, hat es bei Tucholsky auch geregnet?«

»Lass mich mal nachdenken, – doch ja, einmal in der Nacht, nur ganz kurz. Er brachte einen Brief weg. Halt Stopp, es hat ein weiteres Mal Regen gegeben, von dem Billie sagte, dass es ein fröhlicher Regen wäre.«

»Na prima, da liegen wir ja mit unserem Wetter voll im Drehbuch, nicht wahr? Und wenn Billie, – na ja, zu dieser einladenden Figur kommen wir später – also, wenn Billie von einem fröhlichen Regen redet, dann freuen wir uns doch auch darüber.«

»Daddy, ich warne dich. Es wird keine Kopie von ›Schloss Gripsholm‹ geben. Da du nicht in der Lage warst, am Originalplatz in Schweden zu buchen, darfst du dir solche Extravaganzen wie Billie abschminken. Es wird nicht eins zu eins umgesetzt, denn du bist kein Bundeskanzler.«

»Liebe Lydia, nun lasse bitte die hohe Politik aus dem Spiel. Unser Kanzler wird es nicht gerne hören, wenn du ihn mit mehreren Frauen in Verbindung bringst, obwohl er ja nachweislich …«

»Daddy, ich rede nicht von Frauen, sondern von der Umsetzung eines Vorhabens, das entweder eine Adaption oder eine romantische Reise nach klassischem Vorbild sein kann.«

Eine ganze Weile gehörte das Paar nun sich selbst. Die Umgebung ließ es zu. Der Regen verhinderte einen neugierigen Blick von außen, wenn die Bahn in einer der wenigen Stationen für zwei bis drei Minuten anhielt.

Lydia kam ein weiteres Mal zur Sache: »Dass wir in Lübeck wieder eine Zwischenstation einlegen, habe ich ja nun verstanden, und dass uns für diese schöne alte Hansestadt gerade mal eine Stunde Zeit bleibt, habe ich auch noch mitbekommen, aber vielleicht verrät mein Verführer mir den Zweck des Aufenthaltes dort, und wenn er mir auch jetzt das endgültige Ziel dieser Schnitzeljagd mitteilen würde, halte ich für eine Weile den Mund.«

»Nun gut, neugierige Urheberin dieser verwegenen Reise, in Lübeck muss ich ganz kurz etwas erledigen. Ich habe ein Dossier dabei, das ich in einer Anwaltskanzlei, mit der wir gut zusammenarbeiten, persönlich übergeben möchte. Es passte gerade so in unsere Reise und spart hohe Portogebühren ...«

»Nun sach, dat dat nich waa is«, schüttelte Lydia ihren Alexander ärgerlich hin und her. »Da angelt man sich mühsam einen Kerl, der ist ausgerechnet Jurist, und, wie es sich jetzt herausstellt, eine Krämerseele obendrein. Spart Porto, wie nobel und wirtschaftlich für die Kanzlei! Und was mache ich in der Zeit?«

»Ich setze dich in einem Café in der Innenstadt ab, bin sofort zurück, Ehrenwort, und dann bummeln wir gemütlich so herum, futtern Lübecker Marzipan, bis uns dann der Zug nach Bad Kleinen wieder aufnimmt. Im Übrigen verstärkt sich bei mir der Eindruck, dass du mit Bedacht einen Juristen für diesen Ausflug in die Gripsholm-Nostalgie gesucht hast, denn nur ein solcher passt in die Biografie des guten Tucholsky. Trotzdem bin ich dir dankbar. Welch ein Glück, dass ich nicht Archäologe geworden bin.«

»Einbildung ist auch 'ne Bildung, mein Lieber. Sag mal, hast du eben Bad Kleinen genannt? Ist das der ominöse Kurort, in den du mich verschleppen willst? Ich habe da einmal eine Fernsehreportage so kurz nach der Wende verfolgt; im Ganzen keine sonderlich schöne Geschichte und das Urteil des Berichterstatters über Bad Kleinen bewegte sich am Rande einer kräftigen Beleidigung.«

»Beruhige dich, wir fahren von dort weiter nach Wismar. In dieser schönen Hansestadt an der blauen Wismarbucht sind wir dann endlich am Ziel. Der Umweg über Bad Kleinen muss sein, Eisenbahnschicksal, verstehst du.«

»Wie hat Cicero immer gesagt: Willst du einen Menschen wirklich kennenlernen, so fahre mit ihm in den Urlaub.«

»Das soll Cicero gesagt haben? Glaube ich einfach nicht, du bringst da etwas durcheinander, meine liebste Lydia.«

»Ich bleibe dabei, beweise mir erst einmal das Gegenteil und wenn, dann in Latein!«

Lydias leicht gereizter Ton war nicht zu überhören und der Inhalt des Satzes signalisierte Streit, den Alexander nun überhaupt nicht eingeplant hatte. Was würde sie erst sagen, wenn er ihr das von ihm ausgewählte Domizil näher erläutern musste?

In der Hansestadt mit dem berühmten Holstentor verlief alles nach Plan, meinte jedenfalls Alexander. Seine Lydia schien sich wieder beruhigt zu haben. Offensichtlich sagte ihr der Aufenthalt in dem kleinen gemütlichen Café zu. Der versprochene gemeinsame Bummel kam tatsächlich zustande und das verführerische Marzipan spielte auch seine wichtige Rolle.

Die Regionalbahn, in der sie jetzt saßen, ließ allerdings Gemütlichkeit und ein lauschiges Plätzchen vermissen, das Alexander so dringend gebraucht hätte, um Lydia das Liebesnest, das er ausgesucht hatte, richtig schmackhaft zu machen. So zauberte er zunächst einmal eine Praline aus der

Tasche, nahm sie vorsichtig in den Mund, zog sein Schätzchen an sich und schob ihr den süßen Inhalt zwischen die Lippen. Ungeniert tat er das, obwohl sie längst nicht allein waren. Gefühlsäußerungen und Geschmacksproben solcher Art sind in Fahrzeugen der öffentlichen Hand prinzipiell untersagt. Im Mecklenburger Hoheitsbereich, sowohl innerhalb als auch außerhalb von Verkehrsmitteln, wunderte man sich nach der Wende über gar nichts mehr, schon längst nicht über Wessis, denen man ihre Herkunft auch noch nach 13 Jahren bestehender Okkupation an den Nasenspitzen ansah. Sie bedeuteten nichts als Luft, durch die kann man bekanntlich unendlich weit blicken und so plierten die ausgelaugten einheimischen Feierabendreisenden unangestrengt durch die beiden turtelnden Fremdkörper aus Düsseldorf wie durch Milchglas in einen wabernden Nebel hinaus.

»Lydia, kannst du dich an die wenig schöne, ja fast feindliche Sentenz erinnern, mit der Tucholsky die Situation der Zimmerwahl im Hotel beschrieb: Hinten heraus riecht es nach Küche, vorne heraus schlägt alle viertel Stunde die Rathausuhr …«

»Ja, und deswegen wohnten sie dann auch im Schloss.«

»Du erlaubst, hohe Dame, dass ich eine kleine Korrektur anbringe: Sie wohnten nicht im Schlosse, sondern in einem profanen Anbau, der offenbar sehr viel später …«

»Aber er gehörte zum Schloss, hatte eine glatte Fassade und war sehr hübsch.«

»Wismar besitzt zurzeit kein Schloss, in dem man wohnen kann.«

»Nachtigall, ick hör dir trapsen, ich ahne Fürchterliches, wo willst du Ungeheuer mich unterbringen, nicht in einem Hotel, nicht in einem Schloss, wo, mein Lieber, wo?«

Lydia war nun wirklich auf eine Antwort gespannt. Auf der anderen Seite war sie seine Geheimnistuerei leid, so neigte sich ihre ultimative Frage doch leicht einer befremdenden Unfreundlichkeit entgegen, und der Blick, der den armen Mann traf, hätte auch von dem Germanengott Donar stammen können, der in vorchristlicher Zeit ganz in der Nähe wohnte.

Nun reagiert ein Jurist, in Zwangslage gebracht – das lernt man an der Uni – zunächst mit einer gekonnten Ablenkung. »Das hat Cicero so aber niemals gesagt: Nachtigall ick hör dir …«

»Wo und wie, will ich wissen!« Jetzt grollte der Donner schon ganz nahe und grelle Blitze kündigten sich an.

»Schätzchen, wir möchten doch völlig allein und ungestört sein. Den ganzen langen Tag lang. Nicht wahr? Kein trampelnder Handelsreisender nebenan, kein störender Zimmerservice, keine Rathausuhr, keine Müllabfuhr früh um halb sieben, kein Telefon, kein Radio, kein Fernsehen, keine japanischen Touristen in viel zu großen Filzpantoffeln, nichts, gar nichts soll uns stören. Unsere Liebe soll nur uns gehören. Das möchten wir doch, oder nicht?«

»Ja, das möchten wir.« Schon schmolz sie dahin.

»Und da habe ich an ein Ferienhaus gedacht …«

»Ein Ferienhaus! Für – uns – ganz – allein.« Sie ließ die Wörter auf der Zunge zergehen wie gekochten Schokoladenpudding. »Oh, mein Liebster, du bist ein Engel. Diese schöne Überraschung!«

»Ich hatte an ein Ferienhaus gedacht, aber da war nichts mehr zu machen«, brachte Alexander seinen Satz lapidar zu Ende. Bevor nun seine reizende Begleiterin ihre Reize bis zur Explosion ausreizte, legte er seinen Zeigfinger auf ihren

Mund und erklärte wichtig: »Immerhin, meine Fürstin, eine ›Datscha‹ in einem riesengroßen Garten steht uns, uns ganz allein, zur Verfügung. Heute mag man diesen Begriff der Häuslichkeit nicht mehr; er verschwand still und heimlich mit der Wende, aber das Häuschen soll sehr komfortabel sein und alles ist für unseren Empfang vorbereitet. Schau mal, was ich hier habe. Drei Sicherheitsschlüssel. Der eine gehört zum Gartentor, der andere zur Haustür und der dritte öffnet die Tag und Nacht penibel verschlossene Schranke des Parkplatzes vom Kleingartenverein.«

»Kleingartenverein?« Lydias vage Vorstellungen Datscha und Ambiente betreffend basierten auf einer inzwischen geschichtlichen Fernsehsendung, in der dem niedrigen Volk offenbart wurde, wie weiland der russische Staatspräsident Boris Jelzin seinen zweitbesten Freund, den deutschen Bundeskanzler Helmut Kohl, in seiner aufgemotzten Datscha an einem stillen See mit viel Wald und sonst nichts dahinter, herzlichst empfing. Dieses schlichte Bild eines ehemals sozialistischen Paradieses vermittelte Lydia postwendend ihrem lieben Alexander. Der versuchte zu relativieren:

»Lydia, Schatz, du meinst die aufgeblähten Freizeitheime verdienter Parteisoldaten aus den Reihen der friedensliebenden Volksgenossen jenseits der polnischen Grenze. Die in der DDR sahen anders aus, zudem litt man in der Deutschen Demokratischen Republik hinsichtlich attraktiver Gestade unter einem Mangel, mindestens bei der Verwirklichung persönlicher Freiheit. Also gestalteten sich die Hütten intimen Lebens innerhalb des deutschen Arbeiter- und Bauernstaates wesentlich bescheidener!«

»Wie nennt man denn nun in unserem vereinigten Land die ehemaligen Datschen – in Kleingärten?« Die pragmatische

Lydia versuchte über einen vielleicht bekannten Vergleich, der auf sie zukommenden Gänsehaut-Realität genauer ins Auge zu schauen.

»Das weiß ich nicht. Wir würden wahrscheinlich ›Gartenlaube‹ sagen, – aber«, fügte Alexander schnell hinzu, bevor sich in dem schönen Köpfchen seiner Begleiterin eine abschreckende Vision über windschiefe Bretterhäuschen einnistete, die an west- und ostdeutschen Bahndämmen ihr Leben fristeten und vom ringelnatz'schen Sauerampfer langsam überwuchert wurden, »unsere Datscha ist höchst komfortabel eingerichtet. Sie besitzt ein großes Wohnzimmer von bestimmt zehn Quadratmetern, ein etwas kleineres Schlafzimmer, ein Bad mit WC, eine kleine Küche mit Kühlschrank, einen Abstellkeller mit einem Gefrierschrank und mehreren Kästen Bier, eine überdachte Veranda, einen schönen Garten, in dem jetzt schon vieles blüht und weiterhin alles, was der fröhliche Mensch zum Leben in der frischen freien Natur braucht. Und denke dir, das Gartenhaus, – jawohl, so nennen wir es jetzt, unser Gartenhaus besitzt die Ruhe, die Abgeschiedenheit, die notwendige Vertraulichkeit; es ist die Liebeslaube par exellence. Du wirst angenehm überrascht sein!«, schloss er emphatisch.

Lydia brauchte mehrere Minuten, um sich von dem eben erlittenen Schock zu erholen. Während der begeisterte Alexander beseelt von hehren Gedanken mit durchgeistigtem Blick in die langsam vorüberziehende nichtssagende Landschaft blickte, wurde Lydia von tausend unfreundlichen Gedanken durchströmt, die sie regelrecht schüttelten. Das konnte nun wirklich nicht wahr sein. Hatte sie doch überwiegend die etwas feinere Garderobe eingepackt. Im eleganten fliederfarbenen Frühlingskostüm und den hochhackigen Pumps durch sandige Gartenwege staken, zwischen Feldsteinen oder groben Wegplatten hängen bleiben, in ihrer neuen Seidenbluse von der Liguster- oder gar Weißdornhecke aufgespießt zu werden, was kam da auf sie zu? Wohlmöglich noch Rasen mähen müssen. Und sprach der Kerl nicht von einer kleinen Küche. Was hieß das denn? Kochen hieß das! Und wie dahin- und wieder wegkommen? Das Paradies lag bestimmt nicht mitten in der Stadt? – Das Liebesnest – Moment mal!

»Sagen Sie, werter Herr, wie sind Sie denn an diesen Platz der Götter gekommen? Gibt es da eine Agentur, die solche verschwiegenen Orte feilbietet, und zwar für ganz bestimmte Zwecke, für ganz spezielle Dienste? Früher gab es am Rande einer jeden großen westdeutschen Stadt bestimmte Laubenkolonien, die von nicht ganz astreinen Damen bevölkert wurden. Die neuen Bundesländer rüsten nach, nicht wahr? Eine Gelegenheit, die die westdeutschen Lüstlinge natürlich weidlich ausnutzen.« Lydias Stimme zitterte vor Zorn, doch sie empörte sich noch mehr: »Und wenn du glaubst, du kannst mich mit derartigen Animateurinnen auf die gleiche Stufe stellen und mich in diese ominöse Stundenlaube einquartieren, so hast du dich aber sehr getäuscht, mein Lieber. Wahrscheinlich kennen dich alle Silikon-Kleingärtnerinnen aus dem Effeff und warten jetzt schon gespannt darauf, welch neue Eroberung du nun anschleppst. Abscheulich, diese Aussichten. Wo ist die Notbremse?« Sie war den Tränen nahe.

Die auf ihn einprasselnden Worte trafen Alexander unvorbereitet. Welche aberwitzigen Ideen entwickelten sich da wieder in dem doch sonst so hellen Köpfchen? Aber, kannte er sie eigentlich? Lag es nicht nahe, auf solch abstruse Ideen zu verfallen, aus ihrer Lage heraus gesehen? Ihm wurde nun doch ein wenig mulmig zumute. Zu viel Ernst verbarg sich hinter ihren Worten. Die spaßige Idee, auf den Spuren Tucholskys zu wandeln, ließ sich selbstverständlich nicht literaturgetreu umsetzen, das war seiner Lydia sicher bewusst, am Ende aber in einer unbekannten Gartenlaube zu landen, musste auf sie wie ein Kulturschock wirken. Andererseits, ihm zu unterstellen, sie in einem Bio-Bordell unterbringen zu wollen, durfte er seinerseits als eine rechtmäßige Beleidigung auslegen, was mit einem kräftigen Maulen zu beantworten gewesen wäre. Doch die Tränen in den schönen Augen der Frau ließen ihm keine Wahl, wollte er ihren gemeinsamen Plan noch retten. Er fiel fast auf die Knie. (Wenn er sich dazu wirklich noch hätte hinreißen lassen, dann wäre mit Sicherheit von einem genervten Mitreisenden die Notbremse gezogen worden.)

»Lydia, liebste Lydia, das traust du mir doch nun wirklich nicht zu. Ich hatte ja auch kaum Zeit großartige Reisepläne mit Hotelreservierung und allem was dazu gehört, auszuarbeiten. Dieses wunderschöne Gartenhaus gehört einem höchst ehrenwerten Hochschullehrer. Er nutzt es für sich und seine Familie als Ferienhaus. Sobald er davon hörte, dass ich einen Urlaub in der Ostsee-Region plante, bot er es mir ohne große Umstände an. Sein in Wismar ansässiger Bekannter betreibt die Gastwirtschaft im Vereinsheim und hält auch sonst ein Auge auf Haus und Garten. Dieser Mensch wurde telefonisch beauftragt, das Möglichste für unseren Empfang zu veranlassen. Das heißt, das Haus zu lüften, den Kühlschrank zu füllen, die Heizung in Betrieb zu nehmen und die Betten zu beziehen. Wahrscheinlich liegen zwei leckere Marzipanherzchen auf den Plumeaus ...«

»Vereinsheim?«

»Ja doch. Das Gartenhaus gehört, der Schilderung nach, zu einem heute noch aktiven, sehr quirligen Kleingartenverein vor den Toren der Stadt. Auf der Parzelle nebenan wohnt ein wahrhaftiger Kapitän, genauer gesagt, der wohnt nur dort, wenn Sommer ist und er nicht seinen Klipper durch irgendwelche Weltmeere steuern muss ...«

»Ein echter lebendiger Kapitän?«

»Genau – und der soll noch gar nicht so alt sein.«

»Prima, dann wird der Kapitän zum Freund Karlchen gemacht. Dein Lehrer ist natürlich der alte Schwede Bengtsson. Ich hoffe, er ist nicht gertenschlank und hat immer Durst, sonst passt er nicht so recht in die Rolle, und der hilfreiche Wirt im Vereinsheim ist die Frau Andersson, die Schlossfrau.«

»Da wird sich der Fritz, so heißt er in Wirklichkeit, aber bedanken. Im Übrigen, alle duzen sich, und wenn wir dort wohnen, müssen wir uns selbstverständlich mit den Gartenbewohnern verbrüdern.«

»Mein lieber goldiger Alexander, ist das nicht himmlisch? Genau wie in Schweden. Und den Fritz, den nennen wir Friedel. Wer Friedel heißt, der darf Mann oder Frau sein.«

Vergessen der kurze Kummer der Prinzessin. Vom inzwischen klaren Himmel Mecklenburgs davongeweht, wie die garstigen Regenwolken in Richtung Polen verschwunden waren. Nun galt es Details zu regeln, die ein Mann sowieso nicht kapiert, geschweige denn vorzusorgen in der Lage ist.

»Wie heißt denn das Kleingartengebiet?«

»Das habe ich glatt vergessen.«

»Aber wir müssen doch irgendwie dahin kommen.«

»Ich habe die Wegbeschreibung im Kopf.«

»Müssen wir laufen oder mieten wir uns Fahrräder mit Anhänger?«

Aber da hielt bereits der Zug.

MECKLENBURG GRÜSST SEHR SPARSAM

In Bad Kleinen stieg man wieder um. Alexander hatte einen günstigen Anschlusszug geplant, der theoretisch nur einen Aufenthalt von elf Minuten beanspruchen sollte. Da man die Fahrpläne der Bahn AG aus Gründen seelischer Stabilität lediglich als Vision behandeln sollte, musste man die eingefahrenen Resultate pragmatisch verwerten. Es galt somit für die beiden einsamen Fahrgäste, 30 graue Minuten einer sinnvollen Nutzung zuzuführen. Kein Restaurant, nicht einmal ein bunter Kiosk zierte die farblose Eisenbahnstation. Zwei Putzfrauen, die aus einer Tür ›Dienstraum – Betreten verboten‹ traten, stellten den einzigen Beweis vom Leben im farbumhüllten Beton dar.

»Ich möchte mir ein wenig die Beine vertreten, da schaue ich mir mal kurz den Bahnhofsvorplatz an. Der wird doch bestimmt zentral gelegen sein, im bekannten Kurort hier am Schweriner See. Du bist so lieb, Alexander, und bewachst die Koffer. In spätestens zwanzig Minuten bin ich wieder zurück.«

Schwupp, weg war sie.

»Aber ...«, und einiges mehr wollte der zurückgelassene Kofferwächter noch rufen, mochte sie nicht alleine gehen lassen, doch sie war bereits an oder unter der nächsten Treppe verschwunden.

Lydia kletterte die Stufen eines Aufganges, der zum höher gelegenen Ort führte, mit energischen Schritten hoch. Es belebte sie, sich wieder richtig zu bewegen. In tiefen Atemzügen sog sie die frische Luft ein. Ein poetischer Maienhauch war es nicht, aber kühler und leicht nach frischem Grün duftender Wind drang an ihre Haut, als sie das Plateau der Ansiedlung erreichte.

Kein Zentrum, keine Straße, kein Beweis touristischer Urbanität, kein Mensch, lediglich ein paar triefende Sträucher am Rande eines tristen Schlackenplatzes, auf dem ein verlassenes Auto parkte. Unsicher geworden ging sie voraus, las auf einem durch Bewuchs undeutlich lesbaren Schild, dass sie sich auf dem Eigentum der Deutschen Bundesbahn AG befände und umgehend eine Parkgebühr zu entrichten hätte, andernfalls würde eine saftige Geldstrafe drohen. So oder ähnlich nahm die Fremde den freundlichen Willkommensgruß auf.

Sie erreichte dann doch nach wenigen Schritten die Land-, Dorf- oder Kreisstraße. Eine Radfahrerin kreuzte ihren Blick, ohne den enttäuschten Paradiesvogel aus Düsseldorf wahrzunehmen. Ein verlorenes Haus auf der linken Seite, geradeaus führte eine Nebenstraße zu einer Plattenbausiedlung, sonst nur Alleebäume in ruhender Natur eingebettete Zivilisation. In einem Vorgarten werkelte ein Mann mit einer knatternden Kettensäge, einziger mit Leben verbundener Lärm.

Lydia ging ein paar Schritte in die Richtung, in der sie die Ortsmitte vermutete. Doch bald kehrte sie um. Sie hatte eine andere Welt betreten. Ihre Vorstellungen von einem Ort, der sich »Bad« nennen durfte, deckten sich nicht mit dem, was sie vorfand. Wahrscheinlich war sie auch in einer längst vergangenen Zeit gelandet. Der Zug schien rückwärts gefahren zu sein. Eine seltsame Beklemmung überkam sie. Diesen Ort hatte die neue Zeit noch nicht erreicht. Schnell eilte sie zum Bahnsteig zurück. Sie hastete die Treppe hinunter, nicht ungefährlich für sie, im engen Kostümrock und den hochhackigen Schuhen. Die Beklemmung steigerte sich zur Angst, als sie das Donnern eines herannahenden Zuges vernahm. ›Nur nicht zurückbleiben, bloß nicht zurückbleiben‹, hämmerte es hinter ihrer Schläfe und der Anblick des wartenden Mannes kam ihr wie das Abbild eines Engels im goldenen Gegenlicht vor. Still stellte sie sich neben ihn und barg ihre kleine zitternde Faust in seiner festen Hand.

Gegen 18 Uhr erreichten sie endlich Wismar. Alexander erlebte auf der restlichen Fahrt eine schweigsame Lydia. Abgesehen von der natürlichen Ermüdung – schon Tucholsky berichtete über solche Eisenbahneinflüsse – wirkte der deprimierende Eindruck des kurzen Aufenthaltes nachhaltig auf die Psyche der Frau. Sie mochte Alexander noch nichts davon erzählen, wollte ihn nicht beunruhigen, aber wenn alle Bahnhöfe und die dazugehörigen Vorplätze in Mecklenburg so aussähen?

Nun, Bahnhöfe sind selten Zierde einer Stadt. Auch der in Wismar konnte und wollte kein gegenteiliges Beispiel darstellen. Doch – wie brav – auf dem Parkplatz vor dem roten Gebäude wartete ein Auto auf die beiden Reisenden. Alexander hatte es vorbestellt. Ein Mann saß darin und übergab ohne viele Worte den Schlüssel und die Fahrzeugpapiere, wünschte einen schönen Aufenthalt, sagte tschüss und verschwand. Mecklenburger Zuverlässigkeit ohne viel Brimborium.

IM KLEINGARTEN

Nun gibt es Komödien, die sind wirklich schön. Und wenn man eine solche nachspielen möchte, dann sind gerade die prickelndsten Szenen die interessantesten, auf die man sich konzentriert. Doch die Situation in einem zeitversetzten Theater ist meistens eine andere. Da mag sich der Regisseur noch so große Mühe geben, wenn die Protagonisten außer Form geraten sind, dann ist aus ihnen nichts mehr herauszuholen. Da nutzt kein frisches Bad, kein belebender Willkommenstrunk, keine schummrige Beleuchtung, da wird der schöne Moment einfach verschoben, auf einen günstigeren Zeitpunkt gelegt.

Beide fielen todmüde in ihre Siebenzwerge-Betten. Und das gemütliche Gartenhaus deckte sie mit einem zarten Duft aus Erdboden und Fliederblüten zu.

»Rapunzelchen, aufwachen, der Kidnapper ist da und serviert das erste Frühstück!« Lydia schlug die Augen auf, hatte Mühe sich zu orientieren und sah ihn vor dem Bett stehen, ein großes Tablett in den Händen und der Duft des Kaffees füllte den Raum. Frühstück im Bett – in ihrer Ehe nie erlebt – ein sehnlicher Wunsch, solange es Filme gab.

»Pet ..., Alexander, woher weißt du, dass ich mir immer gewünscht hatte, einmal so zu frühstücken?« Schnell rückte sie zur Seite, machte Platz für den geliebten Mann, der seinen ansehnlichen Körper lediglich in eine knapp sitzende Pyjamahose gehüllt hatte, spürte den Hauch seines Rasierwassers, dann seine Haare, die ihre Nase kitzelten, weil seine

Lippen plötzlich mit den Knöpfen ihres Seidenpyjamas spielten. Seine Hände funktionierten auch nicht mehr so richtig, machten das, was mit einem petit-déjeuner nun gar nichts zu tun hatte, aber irgendwie kamen sie Lydia entgegen ...

Mit dem ersten Frühstück wurde es somit nichts. Beim zweiten funktionierte es besser. Zwar hatte sich der Kaffee etwas abgekühlt, eine verträgliche Form angenommen, nur so eben wirkte er labend auf die erhitzten Körper. Glücklich lehnte sich Lydia an ihren Alexander. »Du, du, du – das war sehr schön. Das war so schön, wie ich es lange nicht erlebt habe. Es wird mir unvergessen bleiben. Ich liebe dich.« Er senkte seine Lippen in ihre leicht mitgenommene Frisur und antwortete gedämpft: »Ich liebe dich auch. Ich hätte niemals erwartet, dass es so wundervoll werden würde. Ein toller Hecht, dein Tucholsky.«

Der frühe Nachmittag schlich sich in den Garten und schickte freundliche Sonnenstrahlen durch den nicht ganz geschlossenen Vorhang des Fensters in das kleine Stübchen des Gartenhauses. Lydia hatte sich mit dem Bad en miniature ausgesöhnt, nachdem sie die Technik des hinterhältigen Durchlauferhitzers begriff. Zunächst hatte der sie in grönländische Eishöhlen und dann plötzlich in einen kochenden Wurstkessel versetzt. Fluchtmöglichkeiten gab es aus der engen Duschkabine kaum und ihre entsetzten Hilfeschreie drangen nicht an die Ohren des noch schlafenden Alexanders. Sie ließ ihn in Ruhe und sah sich im Häuschen um.

So wie man sich ein Ferien- oder Wochenendhaus vorstellt, genau so war dieses eingerichtet. Praktisch, freundlich, variabel verwendbare Möbel, bunte Vorhänge, karierte Bezüge auf der Couch und den Stühlen vermittelten gemütliche Geborgenheit. Der Propangasofen, vom noch unbekannten Heinzelmännchen Friedel auf kleine Flamme eingestellt, strahlte wohlige Wärme aus. Sein Betrieb war notwendig, denn die Außentemperatur bewegte sich um 15 Grad herum, was nicht sehr viel war. Sie inspizierte den Kühlschrank in der winzigen Küche. Gut gefüllt. Verhungern kaum möglich. Kochen vermeidbar.

Dann schloss sie die Außentür auf und trat auf die Terrasse. Am Abend vorher hatte sie diesen Freisitz kaum wahrgenommen. Eine halbhohe Mauer mit einer hölzernen Pergola umgab das geflieste Quadrat und ein transparentes Dach schützte vor Regen. Der sich darunter rankende Wein konnte sich um diese Jahreszeit noch nicht entschließen, seine Blätter auszufahren und der Terrasse und dem rot verklinkerten Häuschen ein bisschen grüne Sommerfarbe zu vermitteln. Der Gartenweg, gleichzeitig Eingang, war akkurat mit diagonal verlegten Betonplatten versehen, wobei sorgsam eingelassene kleine Feldsteine die freien Flächen besetzten. Der Garten besaß Beete, Rasenflächen, Blumenrabatten, Zierpflanzen und Obstbäume und schien im besten gepflegten Zustand zu sein. Wer hielt den Garten sauber und sorgte für die Bepflanzung? Friedel? Der Besitzer, der Herr Bengtsson, saß doch irgendwo in Westdeutschland. Der wird doch nicht an jedem Wochenende anreisen, um das Unkraut zu jäten?

Die neue Umgebung drängte sich in Lydias bewegten Geist, wies ihr unbewusst den Weg durch den sprießenden Garten. Plötzlich stand sie vor einem größeren Beet prächtiger Erdbeerpflanzen. Die prallen, dunkelgrünen gezackten Blätter, die fast zur vollen Größe entwickelten Früchte, eben nur noch nicht von der Sonne gerötet, noch nicht weich und gereift, die aber schon prickelnde Lust erweckten, sie zwischen die Lippen zu nehmen, langsam in den Mund gleiten zu lassen und mit der Zunge den süßen Geschmack zu spüren. Lydia schmeckte bereits sich sammelnde Flüssigkeit unter ihrem Gaumen.

Sie erschrak. Erdbeeren gelten als eines der vielen lockenden Symbole der Sinnlichkeit. Brachte sie der Zufall, hier inmitten dieser erotisierenden Früchte zu stehen, auf das in ihrem Unterbewusstsein entstandene Motiv der Reise? Sie war die Urheberin des Planes, des nicht ungefährlichen Spieles. Musste sie als unbefriedigte Frau gelten, die in einer Art Torschlusspanik vom Leben noch die Freuden mitnehmen will, die sich im Alter nicht mehr darstellen lassen? Was hatte Tucholsky diesem negativen Weib, dieser herrschsüchtigen Heimleiterin, dieser Frau Adriani, am Ende in seiner eigentlich gar nicht so freundlichen Geschichte verordnet:

Rp. penis normalis
dosim,
repetatur!

Spielte sie die verkehrte Rolle in dieser Tragikomödie? Hätte sie sich als gerechte Regisseurin nicht doch den Part der hässlichen Alten, der Frau Adriani, zueignen müssen und nicht den der jugendlichen Liebhaberin?

Ihre revoltierenden Gedanken trieben sie ziellos im Garten umher; sie blieb überrascht vor einem Spargelbeet stehen, wo sich bereits einige der blaugrünen Köpfe des sinnlichen Gemüses vorwitzig durch den ockergelben Erdboden drängten. Noch ’n Symbol.

phallus in pluribus

Wenn sie jetzt noch Sellerie finden würde, so durfte man nicht mehr von Zufällen sprechen, sondern musste von einem geschickt inszenierten

locus minoris resistentiae

sprechen, und zwar von einem Orte des geringsten Widerstandes, in den sie, das ahnungslose, schwach gewordene Wesen, von den gemeinen Kerlen, ihrem Alexander und dem unsichtbaren Bengtsson, gelockt wurde. Der Lehrer, der Hintergründige, der musste es ja faustdick hinter den Ohren haben. Kein Wunder, dass der Mann an ihrer Seite auf diesen Vorschlag nicht nur mit Freuden gehüpft, sondern wie ein brünstiger Hengst auf die Stute gesprungen ... Nein, nicht schon wieder ... Liebesnest ...

Und sie fand Sellerie!

Nun gehörte Alexander eigentlich zu der Sorte Mensch, der nie im unpassenden Moment auftaucht, der nie von einer Überraschung in die andere gestoßen wird, die sich nie erwischen lässt. Aber dieses Gripsholm-Spiel stellte offensichtlich andere Regeln auf, oder es stellte die normalen auf den Kopf.

Ausgerechnet in diesem Augenblick lief er Lydia in die verzweifelt ausgebreiteten Arme. Er kam ihr entgegen, wollte helfen. »Du schaust so ratlos in die Natur, meine Liebe, das ist der schöne Garten, von dem ich erzählt hatte.«

»Und was für ein schöner Garten«, fauchte sie zurück, »und sieh mal, was hier alles so herrlich wächst: Sellerie, Spargel, Erdbeeren, Rhabarber. Wer weiß, was hier sonst noch alles an Aphrodisiaka verbuddelt ist. Ihr fiesen Lüstlinge! Und ich mache mir Sorgen um meine Psyche. Ich bin nicht die Frau Adriani, die mit einem, na, du weißt schon, geheilt werden muss, ich nicht!«

Alexander verstand zunächst nur Bahnhof. Langsam dämmerte es ihm. Einen Begriff konnte er durchaus definieren, aber was das alles mit einer gewissen Frau Adriani auf sich haben könnte, das wurde ihm nicht klar. Er tat jedoch, was Mann immer tun sollte, er nahm sie in die Arme.

»Was erregt dich so? In diesem Garten wächst sicherlich das, was auch in allen anderen Gärten rings um uns blüht und gedeiht; das, was auch früher in den Gärten unserer Eltern wuchs und gerne gegessen wurde. Frühlingsgemüse. Dieser Garten wird von einem rüstigen Rentner bewirtschaftet, der hier in der Nähe wohnt. Der erntet auch. Wir dürfen nur visuell genießen. Unsere Lust muss anderweitig entfacht werden. Allerdings, der unvergessliche Vormittag hat mir gezeigt, dass wir absolut keine stimulierenden Hilfsmittel benötigen. Sei wieder fröhlich, du hast es verdient. Glaube mir, ich kannte diesen Garten Eden bisher nicht und freue mich jetzt, dass wir es doch gut getroffen haben.«

Auf ihren inneren Konflikt, dessen Ausbruch ihn gerade überraschte, konnte er nicht eingehen. Jetzt noch nicht. Ihm fehlte zu diesem Zeitpunkt die Sensibilität, die ein männlicher Partner entwickeln muss, um bei diesem heiklen Thema Geduld, Verständnis und Mitgefühl aufzubringen.

Lydia nickte. Ihre Stimmung schwankte zwischen bösem Lachen und traurigem Weinen. Sie blieb nachdenklich und sprach versonnen, mehr für sich bestimmt: »Dennoch rumort es in meinem Kopf. Was ist das Ziel unseres Fluchtversuches, was ist das tiefere Motiv? Ist es das Alter, welches näher und näher rückt und seine Runen in Körper und Seele gräbt. Entsteht daraus das Trauma, die asphaltierte

Einbahnstraße einer Ehe niemals mehr verlassen zu können, keine Ausweichmöglichkeiten zu entdecken? Wenden kann man ohnehin nicht. Geziemt sich ein waghalsiges Spiel, das uns mit Gewalt ein Loch in den Zaun des vorgezeichneten Weges reißen lässt, um noch einmal, nur ein einziges Mal auszuweichen, die Wonne der Jugend, wenn auch mit Schmerzen, zu empfinden? Sie auszukosten bis zum letzten, allerletzten Tropfen? – Bin ich ein Weib, das nicht alt zu werden vermag? – Bin ich eine Ehefrau, die keine Befriedigung mehr in der Partnerschaft findet? Brauche ich den sexuellen Reiz oder bilde ich mir ein solches Verlangen nur ein? Spielen die Hormone in mir verrückt? Oder habe ich die Männlichkeit in dir neu entdeckt, die alle die verschütteten Wünsche und Sehnsüchte an die Oberfläche gezerrt hat? Ich liebe dich, Peter, aber was wird daraus?«

Sie hatte ›Peter‹ gesagt. Sie hatte sich für einen Moment aus den Kulissen gestohlen.

»Ich möchte dir als Alexander antworten«, entgegnete der Angesprochene ernst. »Du weißt, wie skeptisch ich deine Pläne anfangs beurteilt habe, und wie sehr ich am Ende von unserer Unternehmung überzeugt war. Nach dem gewaltigen Erlebnis von heute Morgen akzeptiere ich deine Zweifel einfach nicht. Wir lieben uns, Lydia. Und weil das so ist, spielen wir die köstlichen Szenen des Drehbuches in aller Form zu Ende. Du weißt, wie wichtig mir diese vier Wochen sind. Und ich brauche dich dabei, deine Fantasie, deine Erfindungsgabe, deine weibliche Intuition, dein Improvisationstalent, deinen Humor, der sich hinter dem der Prinzessin nicht zu verstecken braucht, deine Tüchtigkeit und vor allen Dingen den hübschen Kopf und den wunderschönen

Körper, in dem die ganzen aufgezählten Tugenden stecken. Und unsere Gripsholm-Kopie, diese entzückende Idee, wird uns nicht zu lang und zu langweilig werden und erst zum Schluss dürfen wir rufen:

Auf dass es uns wohl ergehe in unseren alten Tagen.

Martje Flor hat diesen historischen Satz auf Plattdeutsch gesagt und wir werden es dann auch können.«

»Sehr schön, mein großer Alexander, sicher hast du recht. Erst zum Schluss wird uns die Rechnung präsentiert. Bis dahin haben wir noch viel Zeit. Schauen wir voraus, leben wir das Jetzt.«

Sie sah sich um. »Genauso wie in diesem Garten wird es in Gripsholm ausgesehen haben, vielleicht nicht am Schlosseingang, aber bestimmt im Garten der Frau Andersson. Also darf ich dieses Refugium doch auch ›Gripsholm‹ nennen, nicht wahr.« Vorsichtig schaute sie nach rechts zur nächsten Parzelle. »Ob Karlchen wohl da ist? Komm, wir gehen mal rüber und stellen uns vor.«

Alexander zierte sich. »Lass uns lieber warten. Außerdem bin ich dafür eigentlich nicht richtig angezogen.«

»Angezogen, mein Lieber, das ist das Stichwort, es hätte direkt von der Souffleuse gesäuselt und herüber geweht sein können. Weißt du, welche Garderobe ich dabei habe? Jedenfalls keine für einen mecklenburgischen Gartenverein. Hast du vielleicht einen Blick auf meine Schuhe geworfen? Wenn die nachbarlichen Kleingärtnerinnen diese zu sehen bekommen, fliegen wir hier hochkantig raus.«

»Genau, meine Prinzessin, sag ich doch, wir fahren jetzt in die Stadt. Wenn es beliebt, nennen wir diese ›Stockholm‹ und kaufen bei Karstadt ein – übrigens steht hier in Wismar das allererste Kaufhaus dieses Unternehmens – weiterhin liegen wir mit Stockholm, geschichtlich gesehen, auch nicht ganz falsch, denn Wismar befand sich lange Zeit in schwedischer Hand – also, wir fahren jetzt in die Stadt und kaufen für dich handliche Sachen ein.«

»Was verstehst du unter ›handliche Sachen‹?«

»Zum Beispiel wetterfeste baumwollene Büstenhalter und knielange Kattununterhosen, einen Dutzend karierter Schürzen, einen Strohhut und eben alles, was fleißige Hausfrauen so im Garten und bei der Hausarbeit tragen. Auf jeden Fall ein Paar Holzschuhe. Nein, besser zwei, ein Paar zum Ausgehen ...«

»Weißt du was, du alter Schwede, mit allen diesen Klamotten behänge ich dich, und danach stelle ich dich im Garten als abschreckende Vogelscheuche auf. Die fehlt hier nämlich noch!«

IN DER ALTEN SCHWEDENSTADT

»Ich mag aber von einem Freund keine Geschenke annehmen, selbst wenn es eine Art Verkleidung sein sollte. Solchen Gaben hängt der süßliche Geruch des Aushaltens an.«

Sie standen vor den ehrwürdigen Schaufenstern des Kaufhauses, das Rudolph Karstadt unter dem Namen seines Vaters Christian am 4. Mai 1881 in der Krämerstraße 4 gegründet hatte. Es wird vor 120 Jahren anders ausgesehen haben, und wie das populäre Handelshaus zu DDR-Zeiten in die Krämerstraße des planwirtschaftlichen Arbeiterparadieses geblickt hat, kann sich auch kein Westdeutscher vorstellen, doch im Jahre 2003 machte es einen properen Eindruck und lockte das neugierige Paar, in die prall gefüllten Regale und offerierten Textilien zu schauen und entschlossen einzukaufen.

»Bitte Lydia, keine emanzipierten Zicken. Ich lege das notwendige Geld für dich aus. Du zahlst es auf Heller und Pfennig in Raten zurück. Knallhart bar auf die Hand. Auf keinen Fall Kontoüberweisungen, die könnten uns verraten. Möglichst in klitzekleinen Raten, dann sehen wir uns öfter. Du meldest dich ganz offiziell von deiner Familie ab wegen dringender Bankangelegenheiten. Und auf der sitze ich dann im Hofgarten und warte auf dich.«

»Du bekommst weder einen Heller noch einen Pfennig zurück. Wir befinden uns im Euro-Zeitalter. Das könntet ihr erzkonservativen Juristen mal langsam in euren Wortschatz aufnehmen. Im Grundsatz stimme ich dir jedoch zu. Tucholsky und die Prinzessin allerdings hatten solche

Regelungen wohlweislich im Voraus getroffen, Stichwort: Reisekasse, wenn dir das ein Begriff ist ...?«

»In dieser Sache gelten für mich mildernde Umstände«, unterbrach Alexander seine Lydia, »schließlich besaßen die damals keine misstrauischen Ehepartner. So, und jetzt hinein in das Einkaufsparadies. Wir spielen eine neue Variante, die uns von Tucholskys ›Gripsholm‹ unterscheidet, denn darin kommt Einkaufen nicht vor; ich kann mich jedenfalls nicht daran erinnern, darüber gelesen zu haben. Lediglich Hochprozentiges wurde erworben, doch solches gehört in die Rubrik Lebensmittel.«

»Kommt schon vor, das weiß ich besser. Er schickte seine Prinzessin stets zum ›Knöpfchen‹ kaufen. Allerdings: Shoppen, das hatte er bereits neunzehnhundertzwölf unter ›Rheinsberg‹ abgehandelt; er ließ darin seine Claire wie ein Wirbelwind durch die Läden der Provinz wehen und bei den muffig riechenden Fräuleins Luft schließlich auch Wäscheknöpfe kaufen.«

»Sparsam schien der Herr Schriftsteller schon gewesen zu sein. Er liebte an Frauen wohl keine Wäsche. Die Knöpfe dazu genügten ihm vermutlich. Diese Tugend sollte dir ein Vorbild sein, meine Liebe.«

Lydia antwortete nicht, sondern begann das auf drei Etagen verteilte Warensortiment zu studieren.

Der Mensch von heute muss konsumieren, einkaufen, erwerben, Warenhäuser anlaufen. Er muss den Handel bedienen. Ein Anachronismus, denn der Handel sollte dem Verbraucher das Leben erleichtern, ihm beschwerliche Wege abnehmen. So pflanzten sich nach der Wiedervereinigung in Windeseile die westdeutschen Handelszentren mit steriler Selbstbedienung wie ungebetener Löwenzahn in die ostdeutschen Landschaften.

Die regionale Industrie, die theoretisch das Geld zu erwirtschaften, das der Handel wieder einzunehmen hatte, verschlang der würgende Dschungel des bis dato unbekannten Wettbewerbs. Also fehlte und fehlt das Geld im pekuniären Kreislauf. Da auch die westdeutschen Solidarquellen langsam aber zuverlässig versickern, so werden die fiebrigen Symptome der gesamtdeutschen Krankheit trotz potemkinscher Fassadenfarbe deutlich sichtbar und die erfrischenden Spuren scheinbarer Genesung weichen der fahlen Blässe einer stillen Agonie.

In diesen Indizien unterscheidet sich Wismar kaum von anderen west- und ostdeutschen Städten. Dennoch machte diese Stadt an der Ostsee auf die beiden Besucher sofort einen sympathischen Eindruck. Der eindrucksvolle Marktplatz in der Altstadt mit den charakteristischen Hansehäusern nahm sie gefangen, umklammerte sie geradezu und postierte sie in die milde Nachmittagssonne vor dem »Alten Schweden«, dem ältesten dort erhaltenen gotischen Backsteingiebelhaus und so genossen sie neben der zurückhaltend freundlichen Bewirtung den schönen Ausblick auf das geschäftige Treiben dieser Seestadt. Neben dem »Alten Schweden« flankiert das »Reuterhaus« den Marktplatz. In diesem Gebäude wurden damals die Werke des bekannten mecklenburgischen Dichters Fritz Reuter verlegt. Heute verlegt dort niemand mehr etwas, höchstens mal eine Gabel oder einen Löffel, denn auch dieses Haus wurde als Speisegaststätte umfunktioniert. Keine geistige Kost wird mehr dargeboten, sondern lediglich solche, die, unmäßig genossen, Geist und Körper ziemlich außer Form bringen.

»An Restaurants fehlt es hier nicht, wir können uns jeden Tag ein anderes aussuchen«, stellte Lydia nach einem Rundblick und mit Nachdruck fest.

»Und es gibt so viele leckere Fischgerichte, habe ich festgestellt«, ergänzte Alexander mit einem bezeichnenden Seitenblick auf seine Dame, die lieber diese wehrlosen Kreaturen munter im Aquarium, besser noch in größeren Gewässern schwimmen sah.

»Lass uns zum Hafen gehen, ich möchte heute noch ins Meer spucken«, bat Lydia und zog ihn weiter. Sie umrundeten am Marktplatz noch einmal die »Wasserkunst«, ein aus der Spätrenaissance stammendes Bauwerk, eigentlich ein Brunnen, der bis 1897 der Wasserverteilung diente. Die Wasserkunst und der »Alte Schwede« rivalisieren um die Gunst als Wahrzeichen der Stadt und stehen so natürlich im Mittelpunkt des Interesses aller fremden Besucher.

Gelassen, keineswegs müde, schlenderten die zwei Düsseldorfer dann über den mit Autos gut gefüllten Marktplatz, fanden unter diesen sogar noch einen Trabbi, bewunderten das Haus der Ratsapotheke, gingen schnelleren Schrittes die Krämerstraße hinunter, die ein spürbares Gefälle aufwies, wählten dann eine kleinere Gasse und fanden ein erstes Wasser. Es war die »Frische Grube«, ein für norddeutsche Verhältnisse munter fließender Bach oder Kanal, der von Ost nach West die Stadt durchquert. Ein künstlich angelegter Graben, der sich aber harmonisch ins Stadtbild einfügt und holländisches Flair vermittelt. Im klaren Wasser spiegelten sich das rote Dach und der klotzige Turm eines dominierenden Gebäudes.

»Sieh doch mal, Alexander, die riesige Kirche dort zur rechten Hand, komm, die müssen wir uns näher ansehen.«

Der Mann nahm die umfangreichen Einkaufstüten wieder auf, die er neben dem gusseisernen Geländer der kleinen Brücke abgestellt hatte, und hastete seiner neugierig gewordenen Begleiterin hinterher, die schon in den Schatten des mächtigen Backsteinbaus der Nikolaikirche getaucht war, die Kirche der Seefahrer und Fischer, die zweithöchste Backsteinkirche der Welt (nur die Lübecker Marienkirche überragt um eineinhalb Meter in der lichten Höhe des Langhauses). Über 100 Jahre dauerte der Bau von 1381 bis 1487.

Ehrfurchtsvoll standen die zwei vor den Mauern und bewunderten den Giebel der südlichen Seitenhalle mit seinen glasierten Figurinen und der Sonnenrosette. Sie bestaunten die aus Ziegel gemauerten frei schwingenden Strebebögen über den Seitenschiffen, die die gewaltige Last der Spitzbögen des Hauptschiffes abfangen.

»Komm, wir gehen hinein«, forderte Alexander seine still gewordene Begleiterin auf. Nein, sie wollte nicht. Später sicher. Erst einmal zum Hafen.

Die Sonne war im Westen angelangt, neigte sich und warf tiefe Schatten in die schmale Scheuerstraße. Plötzlich standen die zwei Besucher vor dem »Wassertor«, das mit seinen spätgotischen Giebeln ein wundervolles Zeugnis der mittelalterlichen Stadtbefestigung abgibt.

Fast andachtsvoll durchschritt das Paar den gotischen Spitzbogen der Durchfahrt, trat in das Licht, trat in die Weite der Welt, trat in die Ebene der See, mindestens in ihre Nähe, an den Rand des Meeres, das sich schon mit seinem Geruch nach Fisch und Farbe, nach Seetang und Öl ankündigte.

»Baltic Sea«, sagt der Angelsachse und er rückt damit die Einheit dieses Meeres und seine Anliegerstaaten in die richtige geografische und ethnologische Ordnung. Der schlichte deutsche Begriff, die Ostsee, umfasst lange nicht die Bedeutung dieses kleineren Weltmeeres, das reich in seiner Schönheit und vielsagend in seinen Mythen die Menschen beglückt.

AM ALTEN HAFEN

Ungeduldig betätigte Lydia den Knopf an der Fußgängerampel, sie wollte schnell die belebte Verkehrsstraße zwischen Hafen und Stadt überqueren; sie konnte es nicht abwarten, an die Kaimauer zu treten und ihre Spucke mit dem großen Wasser der Ostsee zu vereinen. Andächtig beobachtete sie, wie die kleinen weißen Schaumblasen von den unermüdlichen Wellen des schwarzen Wassers aufgenommen wurden.

»Warum spuckst du nicht?«

»Ich bin total ausgedörrt, der Tank ist leer, muss erst etwas trinken, aber hier gibt's ja wohl nichts. Später.«

Noch zur späten Stunde verkauften Fischer ihren Fang des Tages direkt vom Kutter, von denen zwei bis drei nahe der Straße vertäut am Kai lagen. Ein paar Frauen packten sich die gekauften Heringe, Dorsche oder Schollen in ihre Einkaufstaschen, zurrten sie am Fahrrad fest und schoben von dannen. Ruhig ohne Hast und ohne Geschrei ging alles vonstatten. Kein grölender Fischverkauf à la Hamburger Fischmarkt, kein lautes Geschnatter garnierte die späten Geschäfte.

Neben den Fischerbooten dümpelten an der Kaimauer ehrwürdige Segelkutter, die locker ihre 50 bis 80 Lebensjahre auf dem Buckel respektive Kiel hatten. Einige von ihnen luden zu lustigen Segeltörns ein, wie auf hölzernen Tafeln und verwaschenen Plakaten an den Gangways unaufdringlich angeboten.

Andere Segelboote und Jachten waren wohl nur zur Stippvisite angelandet, blieben für eine oder mehrere Nächte am Kai vertäut. Die Besatzungen machten es sich an Deck bequem, oder schlichen an Land, um sich in einem der gemütlichen Lokale auf richtige Stühle zu setzen, Bier vom Fass zu trinken, und um sich vorübergehend wieder zur normalen Körpergröße zu entfalten.

Das blauschwarze Wasser im Hafenbecken warf nur winzige Wellen auf. Es zeigte sich friedlich, harmlos und wollte niemanden glauben machen, dass es auch zu einem mörderischen Ungeheuer werden kann, dass es auch im kleinsten Hafen in der Lage war, hölzerne Boote an der Kaimauer zu zermalmen oder brutal auf den Grund zu schleudern.

Tief beeindruckt, daher schweigend, schritt Lydia auf den betonierten Platten am Kai entlang, versäumte keinen lernenden Blick in das offen dargebotene anschauliche Innenleben der Boote und nahm die eigentümliche Atmosphäre in sich auf wie ein lebenswichtiges Elixier. Es waren nicht unbedingt die Menschen des Wassers in und auf den Booten und Kähnen, es war die Luft, dieses seltsame Gasgemisch, das sich in ihrer Lunge ausbreitete und die Nervenbahnen anregte, das eine Vibration in ihr auslöste, welches man auch Glücksgefühl nennen konnte.

Eigenartig dennoch: Sie besaß überhaupt keine innige Verbindung zum Wasser, zum Meer, zur Küste. Zwar war ihr ein solches Ambiente nicht fremd, man musste es kennen, eine gesellschaftliche Notwendigkeit, aber so tief wie hier empfand sie noch nie während vergangener Aufenthalte in nationalen und internationalen Küstenregionen.

Das Paar aus dem Binnenland hatte das Ende des Kais erreicht. Zuvor schlenderten sie am sogenannten »Baumhaus«

vorbei, das mit den zwei markanten »Schwedenköpfen« vor dem Portal an die historische schwedische Besetzung erinnert. Alexander lud sein schweres Gepäck auf einer Bank ab. Beide setzten sich und blickten hinaus in die dämmerige Wismarbucht, sichteten die schattenhaften Konturen der vorgelagerten Insel Poel und der kleinen Insel Walfisch, weil sie so heißt, wie sie aussieht.

»Ich danke dir.«

»Wofür?«

»Dafür, dass du mich hierher gebracht hast.«

»Es war deine Idee.«

»Aber du hast den Ort ausgewählt, mein Bester, das kannst du nicht abstreiten.«

»Den gefunden zu haben, muss ich als reinen Zufall bezeichnen, aber man darf ja auch einmal Glück haben. Dennoch stimme ich dir zu: Wir haben eine uns bisher unbekannte Landschaft, ein Meer und Menschen gefunden. Wir werden es kennenlernen.«

Alexander legte den Arm um Lydias Schulter und lehnte seinen Kopf an ihren. Sie nahm seine Hand und sprach: »Vielleicht gilt das auch für uns? Verstehst du, was ich meine?«

»Ich denke ja. Wir haben einen Wendepunkt eingeleitet. Einen, der unser Dasein beeinflussen wird. Er wäre genau zu definieren, wenn die Kurve des Lebens einer festen Formel, einer Funktion entsprechen würde. Aber diese Formel heißt Schicksal und das ist mathematisch noch nicht ergründet. Wir erarbeiten also eine Bestandsaufnahme, sozusagen eine Analyse des Ichs. Wer bin ich jetzt, wie bin ich jetzt, was habe ich jetzt? Das ist die linke Seite der Gleichung. Auf der rechten muss stehen: Wie stelle ich mir die Zukunft vor? Jedoch müssen die Werte beiderseits des Gleichheitszeichens dieselben sein. Und wenn jeder seine Lebensformel erstellt hat, dann setzen wir sie gleich und ermitteln die Größen X und Y. Diese Unbekannten setzen wir dann in unser Leben ein.«

»So einfach ist das?«

Alexander antwortete nachdenklich. »Nein, leider nicht. Und das weißt du natürlich, mein liebster Stichling. Wenn alles so simpel wäre, dann hätte Kurt Tucholsky als heller Kopf sehr schnell eine befriedigende Lösung gefunden. Aber er fand sie nicht, verzweifelte und kürzte an seiner Lebensgleichung solange herum, bis ihm nur noch der Tod übrig blieb.«

»Es erstaunt mich, dass du doch eine ganze Menge über Tucholsky weißt.«

»Nun, ich musste mich doch vorbereiten, will ich nur ein kleines bisschen mit dir mithalten. Also habe ich mich mit der entsprechenden Literatur ausgerüstet.«

»Wie ich dich einschätze, hast du dir gleich die Gesamtausgabe gekauft.«

»Gekauft nicht – schenken lassen!«

»Von deiner Frau?«

»Nein, von einem dankbaren Klienten.«

»Was hält deine Frau von deinem plötzlichen Interesse an Tucholsky?«

»Sie weiß es nicht.«

»Wo und wann liest du denn?«

»In der Kanzlei.«

Sie hatten sich ohne Absprache gleichzeitig erhoben, als ob das diskutierte Thema einen Gleichklang in ihrem Tagesrhythmus verlangen würde. Das Paar schaukelte sich in die Stadt zurück, dorthin wo Alexander das Mietauto geparkt hatte. Sie übersahen die hässlichen und unbenutzten Hafenschuppen auf der Steuerbordseite, sie schenkten sich das langweilige Panorama der industriell genutzten Häfen und traten wieder durch das historische Wassertor in den Bereich der inneren Mauern, deren Inhalt die mittlerweile bundesdeutsche Feierabendstimmung eingenommen hatte. Sie protzte mit steinerner Leere.

»Alexander?«

»Ja, bitte?«

»Wo lebst du? In deinem Zuhause oder in der Kanzlei?«

Die Wucht dieser Frage warf den Mann fast um. Er erkannte die Aufforderung zur ehrlichen Analyse seines psychischen und physischen Standortes. Diese Kernfrage des Sich-Erkennens verlangte die schonungslose Offenbarung seines Lebens innerhalb seiner Familie und die Rangfolge der Prioritäten, die er ihr einräumte. Ihm war auch klar, dass Lydia Aufklärung verlangte und mit verhaltener Freude empfand er die messerscharfe Logik, die sich hinter der so harmlos klingenden Frage verbarg.

»Lydia, ich verstehe dein Anliegen. Aber ich fühle mich noch nicht in der Lage, dir eine befriedigende Antwort zu geben. Den Weg zu einer aufrichtigen, mir selbst gegenüber ehrlichen Beantwortung muss ich noch beschreiten. Wie du habe auch ich erkannt, ohne dass wir beim Start unseres Abenteuers eine derartige Absicht hegten: In den nächsten Wochen muss ich über mich Klarheit gewonnen haben. Es wird ein stiller Prozess werden. Ich bitte dich, das zu tolerieren. Im Gegensatz vielleicht zu dir, ganz allgemein zur Frau, die oftmals in freien verbalen Analysen zu sich findet, verfüge ich nicht über diese Fähigkeit. Ich konnte das nie, über mich, über meine moralische Weltanschauung, Werteordnung und Seelenleben reden. Ich bin nicht frei. Warum? Das weiß ich nicht. Dennoch halte ich es nicht für erforderlich, mich auf die Couch eines Psychiaters zu legen. ›Help yourself‹ ist das geflügelte Wort einer guten Freundin aus England. Daran werde ich mich halten. Im Übrigen soll das Alter ja weise machen …«

»Aber es schützt nicht vor Dummheiten«, ergänzte Lydia stichelnd.

»Befinden wir uns nicht schon mittendrin in dieser Dummheit, in diesem immer gefährlicher werdenden Spiel, das in der Tiefe stattfindet, das unsere Seelen mit ätzendem Salzwasser enthäutet, während wir uns an der Oberfläche an den brüchigen Tauen des Schiffes ›Gripsholm‹, Baujahr neunzehnhunderteinunddreißig, klammern, dessen Kapitän Tucholsky – wie ich meine – auch keinen klaren Kurs vorgeben konnte?«

Sie hatten das Auto erreicht. Alexanders letzte gesprochene Silbe vereinte sich mit dem deutlich hörbaren Klicken der Schließautomatik.

IM VEREINSLOKAL

Es war schon spät, so gegen 21 Uhr. Das Abendlicht reichte noch aus, den sandigen Weg hinunter zur Kneipe zu finden. Für den Heimweg waren sie mit Taschenlampen ausgerüstet, die im Gartenhaus überall herumlagen.

»Hallo, da seid ihr ja endlich«, empfing der vereinseigene Wirt die neuen Gäste. »Ihr habt euch ja mächtig viel Zeit gelassen«, fügte er an und man konnte einen versteckten Vorwurf daraus ableiten, wobei es der gute Mann offen ließ, was er »mit Zeit gelassen« meinte. Vielleicht hatten die Gäste es versäumt, sich sofort bei ihm zu melden. Über den genauen Zeitpunkt ihrer Ankunft war er selbstverständlich bestens informiert. Jüngste Geschichte formte Gepflogenheiten.

»Also, ik bün de Fritz un ihr sünd?«

Die Neuen stellten sich ihm vor: Lydia und Alexander.

»Kinnings, dat sünd de nei Gäst in Theo sin Goornhus, troe Frünn vun em, un se heten Lydia un Alexander un se blieven dree or veer Weken«, wummerte Fritz mit seiner gestählten Baritonstimme vom Tresen aus in die rauchgeschwängerte Atmosphäre der kleinen Gaststube hinein und die wenigen dort sitzenden Gäste quittierten die Vorstellung mit einem einmaligen, aber dennoch unmerklichen Kopfnicken.

Die Hütte glühte. Schuld daran trug der holzgefeuerte gusseiserne Ofen, der wohl die Wende nicht mitbekommen hatte und in treuer Pflichterfüllung nach wie vor sein gewohntes Übersoll produzierte. Von Zeit zu Zeit wurden Türen und

Fenster geöffnet. Damit entschwand der warme Mief aus dem Raum in die abendliche Frische. Nur sehr zögernd fand dann der Sauerstoff von draußen den komplizierten Weg in die mit Rauch gefüllten Lungen der Zecher.

Lydia hätte sich am liebsten ins Freie auf die Veranda vor der Gaststube gesetzt, aber die frühlingshafte Kühle da draußen wirkte wahrlich nicht einladend. Selbst ihre neu erworbenen Jeans, der grob gewirkte Rollkragenpullover und der Allerweltsparka aus dem Sonderangebot darüber hätten sie wenig geschützt. Außerdem wäre das jawohl als ein nicht entschuldbarer Affront den Vereinsmitgliedern gegenüber gewertet worden, also zwängten sie sich an den einzigen freien Tisch, der ausgerechnet nahe am Ofen stand.

»Wat willt ji hebben, Bier, Köm, Cola? Bier von't Fatt gifft dat nur dat ut Dortmund. Mecklenburger Bier gifft dat blot in Buddels!«

Fritz stand vor dem blanken Holztisch, hatte die Hände in die Hüften gestemmt. Der preußische Spieß stellte sich sozusagen vor die Kompanie. Die aufreizende Positur, der abschätzende wache Blick, zunächst nur auf Alexander gerichtet, war nichts anderes als das strategische nonverbale Abtasten auf dem offenen Schlachtfeld, wobei sich dieser Friedrich, der nicht ganz so »Große«, analog auf dem vorteilhaften Feldherrnhügel wähnte:

Wer seid ihr? Warum seid ihr hier? Was wollt ihr von uns?

Mehr noch als Alexander, der sich mit der konkreten Frage auseinanderzusetzen hatte, spürte Lydia die vibrierende Spannung, den psychologischen Druck, den sie beide im Moment ausgesetzt waren. Und sie fragte sich, ob diese Inszenierung gelernt und gewollt war, oder ob ein natürliches Misstrauen des Menschenschlages in dieser geschichtlich geschundenen Region genetische Vorsichtsmaßregeln hervorgebracht hatte. Sie wollte nicht vorverurteilen, aber der gute Fritz – den sie niemals zu einem »Friedel« machen konnte – bewachte doch etwas. Früher die DDR, jetzt möglicherweise Mecklenburg-Vorpommern oder vielleicht nur die Kleingartenkolonie?

»Denn bring uns man twee Buddel Bier un twee Glasen daarto!«

Nicht nur Lydia, sondern auch Fritz waren baff. Da schnackt dieser Mensch aus Düsseldorf wie selbstverständlich mit plattdeutscher Zunge. Die Aufforderung auch noch zwei Gläser dazu zu stellen war allerdings deutlich.

Fritz drehte wortlos bei. Eine Minute später wummerte er das Gewünschte auf den Tisch, »denn man Prost nech!« und wendete sich gleichermaßen liebevoll einem Stammgast zu, der schwankend auf einem Hocker am Tresen saß und kaum noch in der Lage war, ein weiteres Glas Bier zu bestellen.

»Der liebt uns noch nicht, mein Lieber«, flüsterte Lydia ihrem Alexander zu. »Sag mal, woher kannst du denn Plattdeutsch?«, forschte sie neugierig weiter.

»Ach, ich kann nur wenig, habe es früher einmal in Niedersachsen gelernt, wo ich als Schuljunge auf einem Bauerhof die Ferien verbrachte. Er wird uns noch lieben lernen, der Fritze. Wir reichen ihm die Hand, versuchen uns in seiner Sprache verständlich zu machen, und wir trinken sein Bier. Der Mann da hinter dem Zapfhahn ist unzufrieden, mit dem, was er tun muss, mit der Situation, mit der Gesellschaft, mit den Verhältnissen. Er wird uns das noch mitteilen, vermute ich. Nicht heute, nicht morgen, irgendwann bekommen wir es zu hören, verschlüsselt oder in der klaren Sprache des Nordens.«

»Jetzt aber raus, du verdammter Suffkopp. Es gibt nichts mehr, habe ich gesagt! Wenn du weiter saufen willst, dann marsch marsch zurück nach Hummel-Hummel-Hamburg, wo du hergekommen bist!« Wütend und mit lauter Stimme bellte Fritz den verdutzten Zecher an.

Das war dem auch noch nicht passiert, dass gerade dieser Wirt ihn an die Luft setzte. Widerstand schien nicht angebracht. »Nors, Nors«, brummelte er lediglich als passende Antwort und trollte sich.

»Ein westdeutscher Bauarbeiter, natürlich arbeitslos, der taucht hier von Zeit zu Zeit auf und säuft sich die Hucke voll. Wohnt irgendwo in einer Hütte da drüben«, rief Fritz seinen neuen Gästen zu und wies mit seinem Finger in eine unbekannte Himmelsrichtung.

»Wessis liebt er nicht«, stellte Lydia fest. »Da haben wir aber noch viel Überzeugungsarbeit zu leisten«, ergänzte sie trocken.

»Wahrscheinlich hat er den armen Kerl uns zu Ehren rausgeschmissen, und zwar mit hochdeutscher Begleitmusik, sehr entgegenkommend, das macht ihn doch sympathisch. Außerdem verschlüsselt Fritz nichts, klar und deutlich sein, heißt wohl seine Devise.« Grinsend wandte sich Alexander seiner Lydia zu. »Eine Frau Andersson ist der Friedel nicht und von Tucholsky haben wir uns wohl ein bisschen entfernt.«

Die drei anderen Männer am Nebentisch, vielleicht die obligatorische Besatzung des abendlichen Stammtisches, sprachen kaum miteinander. Man versteht sich in Mecklenburg auch ohne viel Palaver. Aufmerksam verfolgten sie jedoch das schäbige Manöver des Wirts. Es verwunderte sie. Fritz musste man durch die Bank als geschäftstüchtig bezeichnen. Einen guten Kunden setzte der niemals vor die Tür. Sie kannten den unglücklichen Maurer von der Elbe. Er störte sie nicht. Nahmen die Gäste, die Fremden, vielleicht Anstoß?

Ohne Worte, fast wie verabredet, blickten sie verstohlen zu den beiden hinüber. Ein ansehnliches Paar, das musste man ohne Neid anerkennen. Es hatte sich vermutlich verirrt, gehörte nicht in diese Kneipe, nicht in ihre Gartenkolonie. Die nagelneuen Jeansklamotten, die sie trugen, waren Verkleidung, erkannte man sofort. Machten Urlaub am falschen Ort. Unsensible Elefanten im empfindlichen Porzellanladen des Nordens. Man wird weiter sehen, aber das Paar hatte sich mit Sicherheit nicht über Karl den Maurer beschwert. Na klar, Fritz mit seinem unauslöschlichen Groll gegen die BRD, gegen alles, was aus dem Westen kam, konnte sich mal wieder nicht beherrschen, musste den Neuen seine von ihm praktizierte Religion vorführen.

»Was soll der Quatsch, Fritz? Warum schmeißt du den Karl raus? Er hat dir nichts getan, er uns nichts getan. Passiert das noch einmal, gehen wir gleich mit. Wir brauchen hier Ruhe und nochmals Ruhe, merk dir das!«

Ein großer, aufrecht sitzender Mann, graue volle Haare bedeckten die Stirn, nagelte mit strengem Blick über seine Brille den nervösen Wirt an der Theke fest. Seine Worte klangen wie ein militärischer Befehl und seine zwei Partner nickten zustimmend und bekräftigten damit energisch die ausgesprochene Drohung.

»Ok, ok, ist ja schon gaud«, beeilte sich der kleinlaut gewordene Fritz zu entgegnen und ein scheuer Blick traf das Paar aus Düsseldorf, das wiederum mit Respekt zu dem Mann am Nachbartisch hinüberschaute.

Die Uhr zeigte die dreiundzwanzigste Stunde des Tages an. Man wurde müde und verabschiedete sich. Man bestätigte dem Fritz, dass im Gartenhaus alles zum Besten bestellt sei, bedankte sich, bezahlte und versprach, brav die nächsten Abende »mal wieder ’reinzuschauen«.

Natürlich hatte es zu regnen begonnen. Milder Mairegen in der Nacht bedeutete Wonne für deutsches Bauernland und des Volkes eigene Gärten. Doch nicht jeder empfand dabei Dankbarkeit. »Das hat uns jetzt gerade noch gefehlt«, murrte Alexander, der naturentwöhnte Stadtmensch. Er klemmte sich seine Lydia unter den Arm und im romantischen Lichtkegel der Taschenlampe huschten sie eiligst ins trockene Gartenhäuschen.

AUS DER ENGE IN DIE WEITE

Die frühen Amseln, die Meisen, die Buchfinken, selbst die fleißigen Spatzen eröffneten mit ihrem Gesang die Ouvertüre zu einem herrlichen Tag. Als dann auch noch der Kuckuck beharrlich seinen Ruf erschallen ließ, hielt es Lydia nicht mehr in den Federn. Sie sprang ans Fenster und rief fröhlich wie in den Kindertagen in den Garten hinaus: »Kuckuck, Kuckuck, wie alt bin ich?«

Die Vögel in der unmittelbaren Umgebung hielten sofort den Schnabel. Sie warteten ebenfalls gespannt auf die Antwort des dunklen Vogels, denn auch sie hätten gerne das wahre Alter der quirligen Dame gewusst.

»Kuckuck – Kuckuck – Kuckuck – Kuckuck – Kuckuck – Kuckuck – Kuckuck«, danach schwieg der missratene, stets wohnungslose Geselle.

»Hast du gehört, Alexander, er hat mir geantwortet, sieben Mal. Was bedeutet das jetzt? Kommt da noch mehr?« Fiebrig, mit vor Aufregung geröteten Wangen stand sie am Fenster. Ein kleines Mädchen am Beginn seines Lebens, das die Wunder der Welt mit einem Blick erhaschen, das die Töne der Natur als große Symphonie erfahren und das sich ersparen möchte, überhaupt erwachsen zu werden.

Liebevoll hatte Alexander sie betrachtet. Nun trat er auf sie zu und umschlang sie mit den Armen. Sie barg ihren Kopf an seiner Brust. Der Kuckuck schwieg, so als wollte er die Harmonie der beiden nicht stören. Doch die zwei fanden wie gewöhnlich selbst schnell zueinander.

Alexander dozierte: »Der deutsche Kuckuck kann nur bis

neun, der russische bis elf und der amerikanische bis fünf zählen. Fragt man das Tier nach dem Alter eines neugierigen Menschen, muss man bei allen die Anzahl der Rufe mit neunkommaeinundachtzig multiplizieren. Das wäre bei dir sieben Mal ...«

Er brauchte gar nicht erst zu rechnen. Blitzschnell hatte sie sich in seinen Armen gedreht und geschickt einen verbotenen Ringergriff angesetzt. Er quiekte wie ein kleines Ferkel. Wehrlos. Sie ließ ein bisschen locker und warf ihn aufs Bett. Drohend lag sie auf ihm. »Solch abstruses Zeug muss ich mir von meinem Alten tagtäglich anhören. Der hat mich damit schon bis an mein Lebensende gefüllt. Bitte unterlasse du das wenigstens.« Und es klang ein bisschen ernst.

Sie fuhren zum ersten Male hinaus in das Land Fritz Reuters, in das Land der Brasilianerin Julia Mann, die ihren Kindern Heinrich, Thomas, Julia, Carla und Viktor die Reuterschen Romane im reinsten Mecklenburger Platt vorlas, in das Land Ehm Welks, der die unsterblichen »Heiden von Kummerow« auf diesen Erdschollen wachsen ließ, in das Land Kurt Tucholskys, dem sich die spröde Ostseelandschaft in das so sensible Herz eingrub, in das Land Uwe Johnsons, der zu DDR-Zeiten westwärts wanderte, der keineswegs die Heimat auf ewig verlassen wollte, der nur nicht mehr zurückkehren konnte.

Einem Gemälde gleicht diese Landschaft. Aus dem Hintergrund leuchtete es grün und weiß und blau. Im Vordergrund bot sich eine Orgie in Gelb den hungrigen Blicken. Der Raps blühte. Wie Eidotter schwamm die Farbe auf dem grün abgesetzten Boden, reichte bis zum Horizont. Manchmal war es von Baumgruppen eingefasst oder von Alleen durchschnitten. Blendend weiße Wolken trieben von einer unsichtbaren Macht gezogen am blauen Himmel vorüber. Niemand vermisste das früher allgegenwärtige rote Tuch.

Irgendwo hielten sie an. Alexander parkte direkt am grünen Saum einer Landstraße, die gemäß neuer Zeitrechnung politisch dem Bund gehörte, wurde aber, kaum, dass der Wagen hielt, von einem ordnungsbeflissenen Einheimischen auf die Unrechtmäßigkeit eines solchen Parkens hingewiesen.

»Stasi-Preuße«, murmelte Alexander sauer. Sicherlich kein fairer Titel für gesetzestreue und auch noch aufmerksame Untertanen, aber wer lässt sich schon gerne bei einer winzigen Verkehrsübertretung von Gleichgestellten zurechtweisen. Dennoch geläutert suchte er eine Wegabzweigung, fuhr einige wenige hundert Meter in den unbekannten Pfad hinein und zu guter Letzt fanden zwei Touristen dann doch die gewünschte Einsamkeit an einem verwunschenen Weiher.

Wie ein übermütiges Schulmädchen sprang Lydia aus dem Wagen, breitete die Arme aus, rief voller Freude: »Hier bin ich Mensch, hier darf ich's sein!«, und warf sich ins warme hohe Gras. »Komm her zu mir«, rief sie Alexander zu, »wenn Goethe hier gewesen wäre, er hätte an seine eigenen Worte geglaubt und sie hier bestimmt wiederholt.«

»Der wäre auch umgehend zu dir ins tiefe Gras geschlüpft, doch dann hätte er dir nicht aus dem ›Faust I‹ deklamiert, sondern ...«

»Sondern?«

Eine ganze Weile später: Ein vielleicht von Anglern in den Teich eingebrachter Holzsteg, von jenen längst verlassen, bot nun dem fremden Paar einen idealen Platz. Lydia hatte ihre noch sperrige Jeans aufgekrempelt, Schuhe und Socken abseits ins Gras gestellt, saß auf dem morschen Holzbrett und spielte mit den bloßen Füßen im weichen Wasser. An dieser seichten Stelle hatte sich das moorige Nass leicht erwärmt und rief nur beim ersten Eintauchen der nackten Zehen ein entsetztes »Igitt, ist das kalt!«, hervor.

Alexander, um die Füße herum ebenfalls nackt, lag rücklings auf dem Rest des Brettes und hatte seinen Kopf auf ihrem Schoß gebettet und ließ sich die Haare kraulen. Er hatte die Augen geschlossen.

Sie genossen diesen Moment der Entspannung, diesen Hauch von Harmonie, diesen Augenblick des Glücks. Es lag in ihren Charakteren – sicherlich ein unschätzbarer Vorteil und in diesem Fall ein glücklicher Umstand – Situationen und seelische Zustände nicht mit einem Schwall von Worten und verbalen Analysen zu kommentieren und zu preisen. Hier hatten sich zwei Menschen gefunden, die sich auch ohne Worte verstanden.

Doch wieder war es Eva, das arme, verführte Wesen mit dem leckeren Apfel und der biestigen Schlange, die, wenn auch nach langem erbaulichen Schweigen, die Stille unterbrach. »Du-u, möchtest du noch einmal jung sein, sagen wir einmal so um die dreißig?«

»Wer möchte das nicht? Warum fragst du?«

»Ich denke über die Freiheiten nach, die sich die jungen Menschen heute erlauben können. Über die Eskapaden, die sich junge Frauen leisten dürfen. Als bitterer Gegensatz steht der moralische Zwang, dem wir uns in unserer Jugend unterordnen mussten.«

»Bedauerst du diesen Umstand? Glaubst du, dass du zu kurz gekommen bist, um das einmal drastisch auszudrücken. Erfüllt dich ein Neid, wenn du die jungen Dinger, deine Geschlechtsgenossinnen, heute bauchnabelfrei und unbelastet von irgendwelchen Konventionen durch die Diskotheken schwirren siehst? Diese Tatsache dürfte viel mehr die Männer in meinem Alter bekümmern, die diese herrlichen Blüten des Lebens lediglich betrachten, aber nicht mehr berühren dürfen.«

»Ich weiß es nicht, ob es Neid ist. Es ruft jedenfalls eine ungeheure Beunruhigung in mir hervor. Eifersucht ist es wohl nicht. Ich habe da jüngst ein Buch gelesen, einen für mich fragwürdigen Bestseller einer jungen deutschen Autorin, ihr Erstlingswerk. Die schreibt in der ersten Geschichte folgende Sätze: ›Er bumste sie alle. Es war nicht zu vermeiden. Er war sehr schön.‹ Ende des Zitates. Ich werde damit nicht fertig.«

»Donnerwetter, wen denn alle? Ich meine, wen hat der tolle Hecht …« Alexander war aus seiner bequemen Lage aufgescheucht, hatte sich neben Lydia aufrecht hingesetzt, dabei zwangsläufig die Füße in das moorige Bad getaucht. Er biss die Zähne zusammen, als seine Nerven eisig kaltes Wasser vermeldeten. Kein Ton kam über seine Lippen. Er durfte Lydia jetzt nicht unterbrechen.

»Das spielt doch überhaupt keine Rolle. Mir fällt schon das Aussprechen dieses vulgären Verbs ungemein schwer. Verstehst du denn den Konflikt nicht, der in mir tobt?«

Lydia erwartete keine Antwort von dem Mann. Sie schaute in das sich im Winde wiegende Schilf am seichten Ufer. Sie traute es einer männlichen Person nicht zu, dieses vielschichtige Problem in der weiblichen Psyche überhaupt zu begreifen. Männer verharren an der Oberfläche, blicken nicht in die Tiefe – allenfalls ins Dekolleté.

Sie riss die Füße aus dem Wasser, sprang auf, behielt trotzdem das Gleichgewicht auf der schmalen Planke und stieß wütend hervor. »Junge Frauen denken und wünschen es, wir wünschten es uns auch, sie tun es heute und morgen und übermorgen und – schreiben Bücher darüber. Wir taten es nicht, obwohl uns das Verlangen verrückt machte. Wir beschimpften unseren sehnenden Körper, weinten Kopfkissen nass und warteten und warteten. Wenn denn ein Mädchen jemals schrieb, dann aus der seelischen Not heraus heimlich in sein Tagebuch und es riss die dokumentierte Sehnsucht ein paar Tage später in klitzekleine Papierschnitzel, zerteilte das unbewältigte biologische und moralische Problem in viele, viele kleine, übergab es dem Wind, überreichte es der Natur und erwartete von ihr ein Wunder. Irgendwann wurden wir dann doch irgendwie befriedigt, selten selbstbestimmt. Und heute? Sie geben es uns in aufdringlichen Lettern zu lesen, sie werfen es uns in geschmacklosen Portionen zum Fressen vor, als sei es das normalste und natürlichste Lebensmittel der Welt. Ohne es zu wissen, reißen sie alte Wunden bei uns auf. Sie begreifen nicht, dass wir mit dem Begriff Scham aufwuchsen, dass uns dieses Wort unauslöschlich implantiert wurde. Wofür haben wir gelitten, wenn uns heute brutal nachgewiesen wird, dass diese Opfer niemals nötig waren? Haben wir in unserer aufgezwungenen Verklemmtheit überzogen und uns überflüssige Neurosen eingefangen oder steuert die heutige Jugend in ihrer grenzenlosen – will nicht sagen schamlosen – Freiheit in eine in diesem Lande nie gekannte Dekadenz? Beides wäre furchtbar.«

Die aufgewühlte Lydia hatte sich wieder gesetzt, die Hände über die an den Körper gezogenen Knie verschränkt und ihrem Begleiter den Rücken zugewandt.

Der Teich hatte sich von Alexanders nackten Füßen befreit. Dieser lehnte seinen Rücken an Lydias und schaute mit weitem Blick in die entgegengesetzte Richtung in den nahe gelegenen Waldesrand. Nichts sah er, gar nichts. Ihre zweifelnden Worte zirkulierten in seinem Gehirn, verdunkelten das Blickfeld. Seine Stimme bekam einen sonderbaren Ton, als ob ein Kloß in seinem Hals sitzen würde.

»Möchtest du über die Qualen deiner Jugend reden? Würde es dich befreien? Wenn dich diese drei Sätze der jungen Autorin, deren populistische Zugkraft ich zu erahnen beginne, derart betroffen machen, dann hat dich Tucholsky mit seiner erotischen Geschichte ebenfalls in den Grundfesten erschüttert. Lydia, Tucholsky veröffentlichte sie im Jahre neunzehnhunderteinunddreißig. Deine Jugend begann neunzehnhundertsiebzig – fast vierzig Jahre später. Die Achtundsechziger-Generation rumorte damals an den Hochschulen und begann die Fundamente der gerade gefestigten Bundesrepublik niederzutrampeln, die zarten Bande einer sich neu formierenden Tradition der orientierungslos gewordenen und geschundenen Nation zu zerreißen ...«

»Ja, so war es«, unterbrach Lydia ihn, »wir waren innerlich zerrissen. Die Freiheit, die uns diese hemmungslosen Gesellen versprachen, rebellierte gegen die bestehenden Regeln in der Tradition des Elternhauses, die mich wahrlich nicht knechteten, die mir aber die ganze Verantwortung über mich und meine Familie auferlegten. Und ich war achtzehn, da lernte ich einen jungen Studenten dieser Couleur kennen. Möchtest du es hören? Bisher besaß ich nicht die Kraft, meine Geschichte meinem Mann oder jemand anderem zu vermitteln.«

»Nur zu, ich bin ja nicht dein Ehemann.«

»Er hieß Alexander.«

»Ich dachte es mir«, warf der Alexander, der eng an ihrem Rücken lehnte, ernst ein.

»Ich war unsterblich in diesen jungen Mann verliebt und er war es auch in mich. Wir schworen uns ewige Liebe und er forderte sie ein. Doch ich hatte Angst. Hatte Furcht vor dem, was folgen würde, geriet in panische Angst vor einem ungewollten Kind, gefangen in einer fatalen Beklommenheit vor einer ungewissen Zukunft. Er versprach, mich zu heiraten, wenn wir ›Pech gehabt‹ hätten – so nannte er es, ein Mädchen zu schwängern. Ich zögerte und zögerte, kämpfte einen aussichtslosen Kampf. Fühlte mich einerseits hingezogen zu diesem Mann, zu diesem Körper, wollte eins sein mit ihm; anderseits dröhnten in meinem Kopf lautstarke Fanfaren der Vernunft, schrille Signale einer Katastrophe, die sich einstellen würde, wenn, ja, wenn ich Pech gehabt hätte. Ich verlor den Kampf, ich verlor meine Liebe, weil ich standhaft blieb. Alexander bewies Geduld mit mir, eine gewisse Zeit jedenfalls. Eines Tages dann legte er meine beiden besten Freundinnen auf's Kreuz, die sich damit vor mir brüsteten. Ja – auch er war sehr schön. Ich akzeptierte seine Untreue, wenn auch unter bitteren Tränen. Ich wäre jederzeit in seine Arme gefallen, wenn sich eine Zukunft für uns beide abgezeichnet hätte. Schließlich verabschiedete er sich; wir weinten an diesem Tag beide, ich danach noch Jahre. Meine Eltern mussten meinen Kummer bemerkt haben, aber sie schwiegen.«

Lydia presste ihre Lippen trotzig aufeinander. So, als wollte sie sich beweisen, so, als wäre ihre damalige Entscheidung richtig gewesen, so, als wollte sie ihrem Mund verbieten, einen Fehler einzugestehen. Aber das Glitzern in ihren Augen verriet sie, ein paar Tränen verloren sich auf ihren Wangen.

Alexander spürte die zitternde Spannung und das unterdrückte Leid der Frau. Es war ihm, als ob der Körper Lydias peinigende Stromstöße verteilen würde. Er erschrak. Schnell drehte er sich zur Seite und nahm sie ganz fest in die Arme.

Sichtbar gelöst reagierte Lydia auf diese Geste des Beistandes und des Vertrauens. Sie wischte sich verstohlen die Tränen von den Wangen, schluckte kurz und fand zurück zu ihrer Geschichte:

»Ich hatte geglaubt, ich könnte nie mehr Liebe geben und erfahren. Zwischenzeitlich eine kurze Liebelei. Ein antiseptischer Vorgang eigentlich, als es endlich Zeit wurde, eine Frau zu werden, mehr nicht. Die Erinnerung daran ist erloschen. Ich weiß nur noch, dass wir sehr vorsichtig waren, lächerlich vorsichtig. Es durfte nichts passieren.

Erst als ich meinen Mann kennenlernte, fasste ich wieder Zutrauen zu ihr, der Liebe. Wir heirateten. Ich gebar die Kinder, zog sie groß und wir alle ergaben uns der scheinbaren Sicherheit, der satten Trägheit des Wohlstandslebens. Doch wenn das Leben eine Aufzählung einzelner gespielter Theaterszenen ist, eine Reihe von abgearbeiteten Disziplinen in der Enzyklopädie des Daseins, so fühlte ich quälend darin eine nicht ausgefüllte Lücke. Der Zwang, diese leeren Seiten in dem unvollständigen Band mit der Schrift des Lebens zu füllen, wurde stärker und stärker. Das fehlende Kapitel darin hieß: Alexander.

Nur mit Mühe konnte ich mich davon abhalten, ihn zu suchen, seine Adresse ausfindig zu machen. Nicht dem jungen Mann von damals jagte ich nach, den gab es sowieso nicht mehr, eher suchte ich das Phänomen des fehlenden Glücks in

Gestalt des unbekannten Eros, der aber so auszusehen hatte, so ausgestattet war wie eben er.«

Sie geriet ins Stocken. Flüsterte nur noch. »Ich habe meinen Mann so manche Nacht betrogen. Wenn er mich als liebendes Weib erlebte, dann war ich nicht bei ihm, dann lag ich in den Armen meines Alexanders. Mein Verstand, mein Körper flog vor Sehnsucht in eine Welt, die nur aus Verlangen und Fantasie bestand und der stöhnende Leib, der sich auf dem Lager wand, bestand aus nichts anderem als einer nackten Lüge.«

Sie schluckte. Ihre eigenen Worte verursachten ihr einen körperlichen Schmerz. Es war ihr, als würde sie mit Gewalt eine Wunde öffnen und doch hoffte sie im Unterbewusstsein auf Linderung ihrer Pein, auf ein Ende dieser latenten Form von Selbstzerstörung.

Sie schaute ihn an. Ihre Augen suchten seine Lippen. Sie flehten um Worte. Warum sprach er nicht? Warum blickte er stur in den schwarzen Teich, als ob er in der Tiefe eine schwammige Worthülse finden müsste? Warum dieses Schweigen, dieses verdammte Schweigen?

Erst nach unendlich währenden Sekunden formulierte er eine Frage. »Darf ich als bis dahin unbeteiligter Jurist etwas dazu sagen?« Und er hob den Kopf in die Höhe, den er bis dahin an ihre Schulter gelehnt hatte und es schien Lydia, als ob er die enge Umarmung lockern würde, als ob er plötzlich eine Distanz, eine nun unüberwindliche Mauer zwischen ihnen beiden aufbauen wollte. Ihr wurde eiskalt.

»Sage was«, bettelte sie, »sage um Himmels willen etwas, als Jurist oder besser noch als Mann.«

»Du musst dir nichts vorwerfen, de jure hast du nicht den

Tatbestand des Ehebruchs erfüllt. Im Gegenteil, Sexualexperten empfehlen sogar Paaren, die unter gewissen Störungen und Entfremdungen leiden, sich in solchen Fällen reizvollen Vorstellungen hinzugeben. Angeblich soll damit manche Ehe gerettet worden sein.«

»Wie würdest du als Mann reagieren, wenn deine Frau dir ein solches Geständnis machen würde?«

»Meine Frau hat mir eine solche, was sage ich, Verfehlung nicht gestanden, ich weiß nicht, wie ich darauf reagieren würde, wenn sie es denn tun sollte«, wich er aus.

»Würdet ihr darüber reden wollen?«, forschte sie weiter und eine spürbare Erregung begleitete ihre Frage. Sie erhielt keine Antwort. So gab sie sich selbst eine: »Vermutlich also nicht«, und eine tiefe Enttäuschung war den bitteren Worten anzumerken.

DER ERSATZ

Lange saßen sie da, auf dem Anglersteg eines kleinen Weihers und den Steg überzog eine eisige Kälte, die nicht dem Wetter zuzuschreiben war.

»Ja, wir müssen reden«, sprach er plötzlich in die kühle Atmosphäre hinein und fuhr hektisch, ja verzweifelt fort, »sonst halte ich es nicht mehr aus! Du hast mich, Peter, zu deinem Geliebten gemacht, nicht meinetwegen, sondern nur, weil du deinen in der Versenkung verschwundenen, geliebten und unvergessenen Alexander wieder aufleben lassen wolltest. Ich musste die Gestalt annehmen und auch noch den Namen. Ist dir bewusst, welche Kränkung das für mich bedeutet? Aus unserem fröhlichen Spiel ist leider dramatischer Ernst geworden, Lydia. Du hast nicht nur deinen Mann, jetzt hast du auch noch mich, mindestens moralisch gesehen, betrogen.

Ich verstehe, dass eine Frau, die glaubt, ihre Ehe sei abgenutzt, ausbrechen möchte, bevor es zu spät ist, bevor das Alter, sagen wir es doch offen, jede Möglichkeit untersagt.

Ich darf dir sagen, dass auch der Mann, dem Ähnliches widerfährt, unter den gleichen Symptomen leidet. Er wird ebenfalls nicht mit seinem fortschreitenden Alter fertig und wo seine Ehefrau sich selbst verwirklichen will, da braucht der Ehemann den Beweis einer Selbstbestätigung. Wenn er in dieser kritischen Phase merkt, dass man ihn benutzt, dann verletzt man seinen Stolz. Und von dem, der sowieso immer negativ behaftet ist, bröckelt mit der Zeit die einst so schöne Fassade ab; im höllischen Sturm des Berufslebens haben Ältere kaum noch eine Daseinsberechtigung, und im coolen Stil der Jugendwahn-Epoche wird so manch gestandener Mittfünfziger, ob Akademiker, Bauarbeiter oder Müllfahrer, in allen Winkeln des Lebens mit den perfiden Mitteln der plakativen Gesellschaft fertiggemacht.

Wenn sich nun dieser gefährdete Mann als Liebhaber bestätigt, wenn er seiner Meinung nach eine Frau glücklich machen kann, dann frischt er auf, dann erlebt er noch einmal das Glück; nicht die falsch interpretierte Befriedigung der sogenannten zweiten Jugend, sondern den Frieden mit sich selbst. Für ihn bedeuten diese Momente doch: Ich werde noch gebraucht, es gibt mindestens einen Menschen, dem ich etwas geben kann. Ich muss leider begreifen, dass ich dir nur als Alexander, als fleischgewordenes Phantom dienen konnte. Ich hoffe, ich habe meine Rolle gut gespielt. Auf Applaus kann ich jetzt verzichten.«

Die anfangs leidenschaftlich gesprochenen Sätze des Mannes erhielten im Laufe des Monologs die überstark würzenden Geschmacksverstärker »Selbstmitleid« und »verletzte Ehre«, sodass sich das Ganze wie ein schwaches Plädoyer eines mittelmäßigen Pflichtverteidigers anhörte. Alexander wusste um seine erbärmliche Vorstellung; er erwartete wirklich keinen Beifall.

Dass aber eine eben noch enttäuschte Lydia vor Entzücken aufjauchzte, überraschte ihn. Wehrlos auf dem schwachen Steg konnte er ihren liebevollen Überfall nur unzureichend abwehren.

»Mein Peter ist eifersüchtig auf Lydias verflossenen Alexander, ist eifersüchtig auf den nicht existierenden Mann in meinen traumatischen Szenen. Wenn das kein Liebesbeweis ist«, rief sie aus. »Liebling, ich bin ja so glücklich. Du, ja du, bist mein Alexander von damals. Ich habe ihn endlich gefunden. Ich bin befreit von den quälenden Vorstellungen, ich habe sie offenbart, einem nahestehenden Menschen, zum allerersten Male, und du reagierst nicht mit Vorwürfen und Bedenken, sondern mit einer erfrischenden Eifersucht. Wunderbar. Das Gezeter über den alten Mann in dir konntest du dir jedoch sparen, diese Arie singt mein Gatte mir häufig in den tiefsten und meistens falschen Tönen vor. Ist alles nur Tarnung, Männer wollen doch nur hören, dass sie noch brauchbar sind. Und ich versichere dir nochmals: Ich brauche dich!«

Mit einer wilden, ja fast befreienden Umarmung drückte sie ihn ungestüm nach hinten, wollte ihn küssen. Doch dabei konnte er – es war vorauszusehen – das Gleichgewicht nicht mehr halten und so klatschte er der Länge nach in den überraschten Teich, in das morastige, wirklich anschmiegsame Wasser. Lydia folgte ihm zwangsläufig, landete jedoch auf ihren Beinen, wobei sich ihre nackten Füße, sonst unter Schuhgröße 38 verborgen, tief in den weichen Schlick bohrten. Bewegungsunfähig stand sie bis über die Knie im Wasser und hielt sich mit einer Hand am Steg fest. Lachend versuchte sie mit der anderen Hand Alexander zu helfen, der wie ein junger, ins Wasser gefallener Welpe, versuchte sich aufzurichten, aber immer wieder ausrutschte und am Ende ergeben in der Brühe sitzenblieb. Anfangs, als die Kühle des Wassers an seinem empfindlichen Leib den Schreck ins Gedankenfach verdrängte, war ihm nicht nach Fröhlichkeit zumute, doch die komische Situation, in der sie beide steckten, dieser jugendliche Unfug, zu dem sie noch, oder wieder fähig waren, erfüllte ihn mit Bubenstolz und lange nicht gekannter Freude. Er klatschte wie ein kleines Kind mit den flachen

Händen auf die Wasseroberfläche und freute sich über das Quieken seiner Lydia, die immer noch versuchte, ihre Füße aus dem zähen Morast zu ziehen.

»Prinzessin!«, rief er, »sieh her, ich bin kein Frosch mehr, ich bin der junge Königssohn. Hol mich hier heraus, aber küsse mich um Gottes willen nicht noch einmal, sonst werde ich wieder verwandelt und muss zurück in dieses schrecklich kalte Wasser, brrr, in dieses wirklich eiskalte Nass, in dem einem sämtliche Glieder absterben.«

»Glieder absterben?«, wiederholte Lydia anzüglich. »Nein, das können auch Prinzessinnen nicht zulassen.« Und so zogen sich beide gegenseitig aus dem Sumpf. Triefnass der Mann, der mit dieser unfreiwilligen Taufe wohl vom Ersatz zum Nachfolger avancierte. Halb gewässert die Frau, die dennoch einen äußerst fröhlichen Eindruck machte. Schade nur, dass sie niemanden von dieser feuchten Zeremonie berichten konnten.

Dass mit diesem Wessi-Paar etwas nicht stimmte, hatte Fritz sofort geahnt.

Es dämmerte schon, Gäste hatten sich noch nicht eingefunden, so lungerte er auf der Terrasse herum. Plötzlich in seinem Blickfeld: das Paar, die fremden Gäste aus dem angeblichen Düsseldorf. Sie schlichen sich, tief gebückt, den Weg hinauf an der hohen Hecke entlang. Jeder hatte ein ominöses Bündel unter dem Arm. Aber die Klamotten der beiden? Die Frau trug lediglich eine mittellange Bluse, die mehr einem äußerst freizügigen Minikleid glich und überhaupt keinen Rock geschweige denn eine lange Hose dazu. Bei jedem Schritt blitzte ein helles Höschen auf. Der Mann hatte sich eine Wolldecke über die Schulter geworfen. Unten herum schien er offensichtlich unbekleidet, wahrscheinlich völlig nackt. Schuhe allerdings hatten beide an. Schamlos, dieser Aufzug. Oh, wie wird sich der unschuldige Kleingarten verändern? Welche saugenden Läuse werden sich in seinem grünen Pelz festsetzen? Fritz fühlte sich als Hüter dieser letzten Oase in einem wüsten Lande, und er würde auf der Hut sein. Ein Glück, dass man solche Vorfälle nicht mehr melden musste. Dieses feine Paar war jetzt *seine* Sache, und er würde es entlarven.

BACKSTEINGOTIK

»Ich will hinaus, ich will an alten Mauern weilen, Tradition und Geschichte spüren; ich muss den pommerschen Boden ertasten, die Menschen suchen, die Tucholsky so beeindruckt haben. So sehr, dass er seine Lydia hier aufwachsen ließ.«

Die Namentliche von heute hatte das kleine Fenster geöffnet, saugte die frische Gartenluft wie Manna ein und weckte mit ihrem laut gesprochenen Ansinnen unsanft ihren Alexander, der sich noch in jugendgefährdenden Träumen aufhielt.

»Ich plädiere zunächst für ein profanes Frühstück mit Brötchen, weich gekochtem Ei, Marmelade, Käse, Orangensaft und einem richtigen Kaffee«, erwiderte der Mann schlaftrunken, ohne zu bedenken, dass die Zubereitung dieser lobenswerten Morgengabe ja nun sein Job war.

»Wohl getan mein Herr, Frau Andersson lässt sich entschuldigen. Die Axt im Haus erspart den Zimmermann, sagt Schiller, ich dusche derweil ...«

»Tschuldige mien Diern, ik heff dat nich so recht verstunnen, wat is mit de pommersche Eer, de Ex un de Timmermann?«

Urplötzlich stand ein rotgesichtiger älterer Herr, ein blitzendes blechernes Werkzeug in der einen und ein paar Stangen frisch gestochenen Spargels in der anderen Hand, unter ihrem Fenster und blinzelte fröhlich, zwischen Brillengläsern und buschigen Brauen, aus wasserhellen blauen Augen die laut krakeelende, ansonsten sehr, sehr frei bekleidete Dame an.

Mit einem Aufschrei sprang Lydia beiseite und fiel ihrem Alexander direkt auf den Bauch.

»Da ist ein fremder Mann im Garten, und der schwingt ein riesiges Messer«, stammelte sie.

»Brukt Se mi noch?«, fragte die Stimme von draußen geduldig.

Lachend erhob sich Alexander, legte das zitternde Weib in den Kissen ab und antwortete laut. »Danke nein, Sie wissen, dass wir die neuen Gäste sind?«

»So sall't sin«, schallte es zufrieden von draußen, und damit hatte ein Mecklenburger seltsame Personen, kuriose Dinge, mildernde Umstände und peinliche Situationen akzeptiert.

Sie fuhren tief in das Land. Die Kleinstädte gebärden sich preußisch geradeaus, immer noch, ganz gleich, ob sie auf einem lückenhaft bewaldeten Hügel oder in einem versteckten Tal errichtet wurden. Die schrecklichen Narben an vergammelten Gebäuden als Folge der schwer zu heilenden Krankheit des Kommunismus' übersahen die beiden Gäste höflich. Sie wollten den Menschen, deren Blut damit fertig werden musste, nicht zu nahe treten. Wenn es auch unverständlich erscheint, diesen Verfall an Geist und Körper, den Niedergang der Kultur eines Ortes, einer urbanen Gemeinschaft, hautnah, Jahrzehnte lang, zu erleben und nichts dagegen getan zu haben.

Hautnah hieß: putzgrau, betongrau, moosgrün. Und dort, wo das rote Fleisch der Ziegelsteine an die Oberfläche sprang, war die graue Haut abgeplatzt, lag großflächig am Boden. Nur der gnädige Löwenzahn bedeckte jedes Jahr wieder neu den schwärenden Eiter dieser Verletzungen.

In den Dörfern hat die verheerende Influenza der LPGs tiefe Wunden geschlagen. Hier reicht kein Löwenzahn, keine Kunststoffplanen, keine kaschierende Farbe aus, um wieder die behäbige Freundlichkeit in jahrhundertealte Ansiedelungen zu zaubern. Selbst die uralten Bauernhäuser mit Mauern aus beständigen, tiefrot gebrannten Ziegelsteinen haben herb gelitten und sehen wie Fleckfieberkranke aus.

Erschüttert vermerkten die Gäste den Anblick vieler Kirchen. Sie sind der schreckliche Indikator einer vergangenen menschen- und kulturverachtenden Epoche, Sekunden nur in der großen Zeitspanne der Existenz einer Zivilisation. Mit dem Indikator ist das rote Lackmuspapier gemeint, das sich bei einem Einfluss einer Lauge blau färbt. Und die meistens roten Backsteinbauten der Kirchen geben sich blau verwaschen, eine ätzende Doktrin hat sie durchsetzt, hat sie bis ins Innerste beschädigt, vielleicht sogar entweiht und möglicherweise völlig unbrauchbar gemacht.

Vieles wurde geheilt, mit bunten Pflastern beklebt, getarnt oder gesundgebetet. Alexander und Lydia aber blickten auf die verschorften Narben, auf die noch offenen Wunden, auf die wiederholt auftretenden Symptome und suchten nach den Ursachen. Und immer wieder rückte die Politik in den Vordergrund. Sie überholte sie auf dem nostalgischen Kopfsteinpflaster preußischer Marktplätze, wo schon wieder große Fahnen wehen, wenn es auch nur die von Baumärkten und Handelsketten sind. Aber auch sie bedeuten Banner der Verführung und erzeugen wehrlose Opfer.

»Tucholsky hat, bis auf wenige versteckte Seitenhiebe, die Politik, sein chronisches Leiden, aus seinem ›Schloss

Gripsholm‹ herausgehalten. Es muss ihm schwergefallen sein, denn auch Schweden war damals in der Welt- und in der deutschen Politik verwickelt. Er zwang sich, die Niederungen dieser unseligen Geschäfte zu verlassen und auf seinem Parnass der Liebe zu huldigen. Wir hatten es uns auch geschworen, Lydia, aber angesichts dieser dunklen Zeugen unserer eigenen Geschichte, kann ich mich leider nicht an diesen Schwur halten«, gestand Alexander und fuhr erregt fort: »Lassen wir dazu einmal einen späteren Schriftsteller, lassen wir Uwe Johnson, den früheren DDR-Bürger zu Wort kommen. Er schrieb – soweit ich mich erinnere – von einer Reise nach Mecklenburg im Jahre neunzehnhundertzweiundsiebzig, also in der Blütezeit der Deutschen Demokratischen Republik:

›Die kleinen Städte sind bestens im alten Stil erhalten, inzwischen jedoch arg verwittert. Die Landstraßen bieten den Zustand des Jahres neunzehnhundertfünfundzwanzig. Wenn auch die Fassaden der Gebäude verrottet sind und der Putz abplatzt, so findet man hinter den Fenstern der Wohnhäuser schöne Gardinen und abgeschirmte Familienleben. Es ist an der Zeit diesen mangelhaften Zustand zu beseitigen, die Substanz zu erhalten, doch die fehlenden finanziellen Mittel verhindern jegliche Sanierung. Es wurde wissenschaftlich erklärt, dass auch die neuen Wohnhochbauten in einigen Jahren so aussehen würden. Die Frage nach einem Stadtplan von Crivitz wurde wie folgt beantwortet: Wozu denn, antwortete man, dies sei die eine Straße der Stadt, und wenn man nur noch die andere parallele abgehe, so habe man Crivitz vollständig erlaufen. Dann fallen auch noch die kalbkopfgroßen Feldsteine in den Äckern auf. Früher eifrig aufgesammelt und beiseite geschafft, schicksalhafte Arbeit eben, Vermächtnis der erdzeitigen Endmoränen, so ignoriert man heute diese Brocken in der frischen Saat, steigt nicht vom Traktor. Warum denn auch?‹

So ungefähr urteilte Uwe Johnson, der aus verständlichen Gründen dieser DDR nicht die Treue hielt. Neunzehnhundertfünfundzwanzig – neunzehnhundertzweiundsiebzig – zweitausenddrei – nur wenige Veränderung, bis auf die Straßen. Optische Infrastrukturmaßnahmen, ansonsten unfreiwillige Museen und Denkmäler, Stillstand unter freiem Himmel. Ein Zustand, der unter keinen Umständen Denkmalschutz genießen darf; das würden wir alle, das würde die Bundesrepublik nicht überstehen!«

Lydia antwortete nicht, sondern drückte verständnisvoll seinen Arm. Vor ihnen befand sich eine der unzähligen Baustellen einer Kleinstadt. Im Vordergrund der natürlich sanierungsbedürftigen Kirche strahlte ein blendend weißes, riesiges Plakat:

WIR BAUEN FÜR DIE ZUKUNFT
STADTERNEUERUNG

seine Botschaft in den kopfsteinlastigen Alltag.

»Für welche Zukunft baut ihr hier?«, schimpfte Lydia und stolperte an der abgesperrten Straßenbaustelle entlang, wobei ihr Blick an der erbarmungswürdigen Kirche hängen blieb, »wenn noch nicht einmal die letzten fünfzig Jahre der Vergangenheit bewältigt wurden!«

»Ich wünschte mir, dass Tucholsky, der den Kommunisten ja sehr nahe stand, dieses niederschmetternde Ergebnis einer realen sozialistischen Gesellschaftsform noch erlebt hätte. Er wäre unsanft aus Träumen gerissen worden und hätte vermutlich seinen bissigen Sarkasmus über die regierenden selbstherrlichen Funktionäre des Arbeiter- und Bauernparadieses ausgegossen. Damals galt sein Kampf aber den Nazis, die ungleich gefährlicher waren. Diese politische Seite des fähigen Journalisten bewundere ich mehr als seine belletristische Ader, die zwar in ›Rheinsberg‹ und ›Schloss Gripsholm‹ das Blut der Leser in Wallungen brachte, die er aber, so scheint es mir, nur mal so zur Abwechslung schrieb. Sein Herz und damit seine journalistische Kunst hatte er der Freiheit verschrieben. Und alle, die sie unterdrückten, gehörten zu seinen erklärten Gegnern. Diese sozialistische Interpretation von Freiheit«, schloss Alexander und machte eine weiträumige Armbewegung, um auf den entstandenen Verfall und mühsamen Wiederaufbau hinzuweisen, »hätte er bedauert und ich glaube nicht, dass ihm dazu eine fröhliche Geschichte eingefallen wäre.«

»Stellen wir uns den politischen Tucholsky heute lebend vor«, spann Lydia den Faden weiter, »so müsste er sich nicht umstellen, die Gefahr durch die Nazis ist permanent vorhanden. Wo sie anderswo noch im Untergrund lauern, haben sie in dieser Region längst die Scholle durchbrochen und sprießen ungeniert wie Unkraut in die Höhe. Es ist mir ein schrecklicher Gedanke, plötzlich vor einem Aufmarsch von Neonazis zu stehen, die mit wehenden Fahnen und von grüngekleideten amtlichen Polizisten (ver-)achtungsvoll begleitet, um uns zu zeigen, was sie machen, wer hier der Herr im Haus ist.«

Diese Vorstellung machte nun wirklich nicht froh. Lydia überkam ein Frösteln, sie hakte sich ein und beide beschleunigten die Schritte zum Auto, das eine Kursänderung und auch die der Gedanken versprach.

In Grimmen fiel auf sie der Schatten der mächtigen Marienkirche, die 1280 als dreischiffige Backsteinhalle auf einem Feldsteinsockel mit Strebepfeilern errichtet wurde. Und sie ließen sich von der Gestaltung und der erstaunlichen Kraft der tausenden vermörtelten roten Steine beeindrucken.

Die norddeutsche Backsteingotik, Zeugnis einer einzigartigen Baukunst, zieht sich über den nord- und ostdeutschen Küstenbereich hinweg wie ein dunkelroter unzerreißbarer Faden. Sie trotzte den vielen Kriegen, dem wendig harten Wetter und der jüngsten ideologischen Aggression und kam den beiden Gästen wie ein unveränderliches Zeugnis der Landschaft und der Menschen vor, unverschnörkelt, tief verwurzelt, klar und übersichtlich, aber unverrückbar in der Haltung auf Eigenständigkeit.

»Bei uns im Rheinischen mangelt es ja nicht an überdimensionierten Kirchen, aber diese hier müssen sich wahrhaftig nicht dahinter verstecken. Ich staune über diese trutzigen Burgen des protestantischen Glaubens und es stimmt mich froh und es tröstet mich zugleich, dass sie, wie auch viele Bürgerhäuser, überdauert haben, weiterhin überdauern werden und eines Tages die frischen Wunden, die ihnen die kommunistischen Funktionäre in die Glieder schlugen, verheilen lassen.«

Lydia sprach fast andächtig. Dabei standen sie bereits am klassischen Mühlentor mit dem charakteristischen Dreiecksgiebel und strichen mit den Händen über die greifbaren rauen, doch so widerstandsfähigen Backsteine, die einst von Menschenhand aus dunklem Ton geformt und im lodernden Feuer gebrannt wurden. Und es kam ihnen vor, als würde sich eine geheime Kraft aus den irdenen Steinen auf sie übertragen, als würden sie das in Jahrhunderten Erlebte übermitteln wollen an die Nachfolgenden, die empfinden können, deren Sinne noch für Unbekanntes offen sind.

»Ich habe mich ein wenig mit der Geschichte Mecklenburgs und Pommerns beschäftigt und möchte behaupten, dass die Menschen in dieser Region viel mehr als andere drangsaliert und gebeutelt wurden. So dürfen wir uns nicht wundern, wenn man uns mit Vorsicht, äußerster Zurückhaltung und vielleicht sogar Misstrauen begegnet, denn diese Eigenschaften dürften in diesem Menschenschlag inzwischen genetisch verankert sein.«

»Sprich, mein Freund, lasse mich teilhaben an deinem Wissen, welches du dir sozusagen aus einem Vorsprung heraus erarbeiten konntest ...«

»Soll das ein Vorwurf sein«, unterbrach Alexander seine frotzelnde Lydia.

»Ja sischer dat«, ihre klare, rheinische Antwort.

»Nun denn, hohe Dame, lasse sie sich den Geist der Geschichte zu Gemüte führen, auf dass Verständnis kommen möge über sie, auf dass sie gerecht zu urteilen verstehe über die geprüften Kreaturen, die ihr da zu Lande und an und auf den vielen Wassern begegnen.«

Sehr salbungsvoll und in der Sprache historisch hatte Alexander sein Referat begonnen. Er war sich aber nicht sicher, ob Lydia wirklich auf Ursprünge erpicht schien, denn bei den selbstbewussten modernen Frauen weiß Mann sowieso nicht, wie und wo er gerade stört, mal wieder unheimlich nervt oder völlig überflüssig ist. Da hat sich Ende des zwanzigsten Jahrhunderts in der neuen Männergesellschaft eine für sie peinliche Unsicherheit breitgemacht, gegen die ein eigentlich konservativer Mensch wie Alexander nur unzureichend gefeit war. So fragte er sicherheitshalber noch einmal und er sah ihr dabei in die Augen, als ob er darin Neugier, Nachsicht oder Überdruss erkennen wollte. Er bekam keine Auskunft.

»Brauchen wir Geschichte für uns?«, fragte sie, und ihre zarten Lippen berührten sein Ohr. Er antwortete nicht, sondern schloss die Augen, presste seine Wange fest an ihre, verharrte eine ganze Weile und fühlte sich glücklich. Es war einer der Momente, die er nicht definieren konnte, einer der Momente, die ihm klar machten, dass ein Mann wie er nicht ohne eine Frau leben konnte. Merkwürdig schon, hier, inmitten steingebackener Tradition, in einer ihm immer noch suspekten Atmosphäre, unter knorrigen Bewohnern, nahezu einsam in der Diaspora, überkam ihn dieses Gefühl. Eine nahezu himmlische Sicherheit gab ihm diese Frau an seiner Seite. Kein Freund, kein beruflicher Partner hätte ihm eine solche Empfindung hier unter dem historischen Mühlentor in einer unbekannten Stadt, weit weg von seinen Ursprüngen vermitteln können. Und er nahm wieder den schwachen Duft ihres Parfüms, die zarte Haut und den Herzschlag des Körpers, des Wesens wahr, das ihm so nahe stand.

Später, in einer anderen Kleinstadt, am frühen Nachmittag: Die ordnungsgemäß registrierten Arbeitslosen der Kommune schliefen noch, die stets überforderten Rentner schon wieder; was sollten beide Gruppen sonst auch tun. Die meisten der kleinen Geschäfte in der monoton gestalteten Hauptstraße ruhten ebenfalls aus. Zwei fremde Menschen schauten neugierig in die essbaren Auslagen des Schaufensters einer Bäckerei.

Gegen alle Erwartungen hatte dieses Geschäft geöffnet, die Tür stand sogar einladend offen und neben dem täglichen Brot, das an einer modernen Theke den Kunden angeboten wurde, hatte der hellwache Bäckermeister ein kleines Café mit nur wenigen, aber durchaus gemütlichen Plätzen eingerichtet.

»Ach, was bin ich froh, dass ich sitzen kann. Und nun bestelle ich mir eine heiße Schokolade und ein riesengroßes Stück Kuchen.« Lydia hatte sich auf dem bequemen Bistrostuhl vor dem runden Tischchen mit der blauen Leinendecke und der gläsernen Blumenvase am Fenster niedergelassen und sprach fröhlich in den Raum hinein. Auch Alexander genoss die Pause und verspürte gleichfalls einen ungesunden Appetit auf etwas Süßes. Sie waren die einzigen Gäste in der Abteilung Café. An der Theke war die junge Verkäuferin noch damit beschäftigt eine alte Frau zu bedienen und deren quicklebendigen Enkelin eine ganz besondere Eisvariation aus der blauen Kühlkiste zu fischen.

»Ich komme sofort!«, rief sie den Gästen zu und schenkte ihnen ein herzliches Lächeln. Diese besondere Aufmerksamkeit fing natürlich der männliche Gast mit Wohlgefallen auf.

»Das ist für mich eine ganz neue Erfahrung«, strahlte er Lydia an, »ein frisches, freundliches Gesicht, ein herzliches Willkommen ausgesprochen von einem jungen Menschen hier in der Provinz. Das beruhigt und versöhnt …«

Er unterbrach, denn die wirklich schmucke und so natürliche Verkäuferin war an ihren Tisch getreten und fragte nach den Wünschen, dabei blickte sie nur Alexander an, was Lydia mit einem belustigten Augenaufschlag registrierte.

Nun, sie waren in ihrer schlichten Eleganz – Lydia hatte das fliederfarbene Frühlingskostüm angezogen, während Alexander im hellen Kaschmir-Rollkragenpullover, der hellgrauen Hose und dem dunkelblauen Blazer ebenfalls eine gute Figur machte – sicherlich keine alltäglichen Besucher in der sonst von Touristen gemiedenen Region. Und der graue alte Wolf versprühte Charme wie in seinen besten Zeiten.

»Alexander, du darfst dir etwas bestellen, es sei denn, du gibst dich mit dem Anblick der reizenden jungen Dame zufrieden. Ich hätte jedenfalls gerne ein Stück Apfelkuchen mit Sahne und eine große Tasse heißer Schokolade.«

Wieder einmal zeigte sich am Beispiel dieser Frau, dass das weibliche Geschlecht genetisch einfach besser aufgestellt ist. Zur gleichen Zeit mit einer ironischen Bemerkung dem Gegner die wackeligen Beine wegschlagen und für sich selbst etwas Gutes tun, das kriegt kein Kerl hin. Außerdem bedachte sie ihren Strahlemann zudem mit einem derart provokanten spöttischen Blinzeln, dass es einem Fass den Boden mitten ins Gesicht geschlagen hätte, wenn, ja wenn die Männlichkeit in der Lage gewesen wäre, überhaupt zu reagieren.

Eifrig notierte das blonde Mädchen die Bestellung, dabei hielt sie den kleinen Block fast in Gesichtshöhe, um zu verhindern, dass die fremden Gäste ihre sich rötenden Wangen bemerkten, denn das Kompliment der eleganten Dame und die deutlich gezeigte Bewunderung des Herrn machten sie nicht wenig stolz und brachten spärliche Freude in den sonst so langweiligen Tag.

»Ja, natürlich, bringen Sie mir bitte irgendein Hefeteilchen – aber nicht zu klein – und ein Kännchen Kaffee.« Mit Alexanders rheinischen Kuchenvokabeln konnte die junge Dame nun leider gar nichts anfangen. Da musste der Herr sich schon bequemen aufzustehen und Seite an Seite mit dem »leckeren« jungen Mädchen an der Theke den gewünschten Kuchen auswählen. (So ganz wehrlos scheinen die männlichen Vertreter der Gattung Mensch doch nicht zu sein.) Ein wenig sehr eng beieinander standen sie da an der neuen Kirschholztheke, fand Lydia, aber dann saß der Charmeur wieder am Tisch und lächelte sie entspannt an.

»In dieser Gegend wachsen schöne Mädchen auf, das fand schon Tucholsky und bediente sich entsprechend, aber da war er so um die dreißig«, frotzelte Lydia.

»Diese bemerkenswerte Tatsache wurde uns leider fünfzig Jahre vorenthalten, das war sehr bedauerlich«, konterte Alexander und erzielte mit dieser Antwort bei seiner Lydia keine sonderliche Begeisterung.

Geschäftig eifrig brachte die attraktive Bedienung das Gewünschte und verzog sich wieder in den vorderen Laden, wo sich jüngere Kunden eingefunden hatten, die das Mädchen freundschaftlich mit »Mandy« begrüßten und kichernd das Neueste des Tages eintauschten.

Das fremde Paar aus Düsseldorf blieb sich selbst überlassen. Schweigend verzehrten der Herr und die Dame ihren Kuchen und hatten auch an der Qualität der Getränke nichts auszusetzen. Satt geworden verglichen sie das schlichte Etablissement mit den gediegenen Cafés in der Düsseldorfer Innenstadt und fanden, dass sie hier ebenso gut saßen und bei gleicher gebotener Leistung eine Menge Geld gespart hatten.

Ihnen war eine gewisse Müdigkeit anzumerken, daher mühsame Dialoge. Alexander hatte seinen Stuhl näher an den Lydias gerückt. Er legte den Arm um sie, lehnte seinen Kopf an ihren und so schauten sie beide durch das kleine Fenster auf die Straße, die sich, die neigende Sonne zeigte den Spätnachmittag an, etwas belebter zeigte. Zur rechten Hand protzte eine neu gestaltete Kreuzung. Selbstverständlich war diese mit völlig überflüssigen Ampeln ausgerüstet. Die wenigen Autos wurden unnützerweise aufgehalten. Wendige Radfahrer, eindeutig in der Mehrzahl, kümmerten sich ohnehin nicht um die signalisierende Ampel, sondern radelten, wie wahrscheinlich schon vor hundert Jahren ihre Ahnen, stur den vorbestimmten Kurs entlang. Das Ziel für die meisten war die mit verheißenden Fahnen geschmückte Einfahrt zu einem neu errichteten Supermarkt, dessen flaches Gebäude aus Ziegelsteinen und dem schwarzen Metalldach von der Nachmittagssonne aufgeheizt wurde.

»Rote Ziegelsteine«, murmelte Lydia, »aus roten Ziegelsteinen errichteten sie ihre Kirchen. Nun gestalten sie aus diesem beständigen Baustoff ihre Supermärkte. Dürfen wir eine Prognose wagen? Werden Supermärkte in Ost und West zu neuen Glaubensburgen, die dem Götzen Konsum geweiht sind? Sollen sie ebenso Jahrhunderte überdauern? Steinerne Beständigkeit versprechen? Mir gefällt nicht, was ich da draußen sehe.«

»Schau dich hier um, im Laden und diesem kleinen Café. Und schaue auf die Menschen darin. Was erkennst du? Ich spüre heimelige Atmosphäre in diesen vielleicht alten Mauern, nehme Menschlichkeit war, Freundlichkeit gegenüber den Mitmenschen und den erklärten Willen etwas zu leisten, die bittere Vergangenheit mit einem hygienisch sauberen Lappen energisch vom Tresen zu wischen. Frische Luft in alle Räume zu lassen und mutig in die Zukunft zu sehen …«

»Du siehst nur Mandy, nicht wahr?«

»Du meinst die hübsche junge Bedienung? Ich kann mir nicht vorstellen, dass sie Mandy heißt. So nennt man doch kein blondes frisches Mädchen. Marianne oder Annegret oder Renate oder auch Rosemarie und Agnes dürfte sie heißen, aber Mandy doch nicht.« Alexander konnte sich mit diesem Namen absolut nicht anfreunden, und da ihm seine Lydia eine leider zu einseitige Ansicht unterstellte, lenkte er mit seinen viel zu spät kommenden Namensvorschlägen ab.

KARLCHEN IST DA

Aufgeregt und unsanft stieß Lydia ihren Alex an, der sich noch faul im raumsparenden Bett rekelte.

»Karlchen ist da!«

»Lass mich doch erst einmal meine Knochen richtig ordnen. Und denken kann ich so früh auch noch nicht. Wie sieht er denn aus, mein bester Freund, dein Karlchen?«

Lydia am Fenster, ihre obere schöne Hälfte war mit der grobmaschigen Gardine als ein kaum wirksamer Sichtschutz umhüllt, flüsterte plötzlich, als ob der unbekannte Freund unmittelbar unter ihr im ehemals volkseigenen Garten stehen würde.

»Weiß ich nicht, hab ihn ja noch gar nicht zu Gesicht bekommen. Aber an dem Fahnenmast nebenan hängt eine Fahne, gestern hing da noch nix.«

»Und daraus schließt du, dass Karlchen nun da ist.« Alexanders rhetorische Feststellung triefte vor turmhohem Zweifel und völliger Nichtachtung weiblicher Logik.

»Jawohl«, die unumstößliche Antwort, »wenn der Kapitän an Bord ist, wird immer eine Flagge gehisst.«

Mühsam quälte sich der Mann aus dem zerwühlten Nachtlager und schob in Richtung Nasszelle. Danach hörte man zunächst nichts, denn das Kappen der Bartstoppeln mit der scharfen Klinge vollzog sich geräuschlos. Weniger leise dann das Duschen, das von dem blechernen Poltern – Plaste (Kunststoff) gegen Aluminium – sowie vom verhaltenen Fluchen begleitet war. »In einem Blecheimer ist mehr Platz«, stöhnte der Beengte, als er prustend die Duschkabine verließ und sich in das luftgetrocknete Badelaken hüllte. »Schmirgelpapier, glaube mir, ist viel weicher!«

›Wie mag er aussehen, der Kapitän‹, träumte Lydia versonnen, hörte überhaupt nicht auf das Getöse im Häuschen, stand wie verzaubert immer noch am Fenster.

Wird er sie in seiner schicken Uniform empfangen und wird eine blendend weiße Schirmmütze sein Haupt bedecken und somit einen tiefen Schatten in das markante und wetterharte Profil legen? Und erst die Augen unter den buschigen Brauen? Bestimmt trägt er einen Vollbart. Sein Haupthaar wird sicher voll sein und silberweiße Schläfen werden einen wunderbaren Kontrast zur sonnengebräunten kupferfarbenen Haut bieten. Blau müssen seine Augen sein, strahlend blau und wasserklar wie die von Hans Albers. Und wie werden diese blicken, wenn sie sich, die beiden fremden Menschen, gegenüberstehen?

»Heija schöne Meerjungfrau, husch husch ab ins kalte Wasser und danach wird erst einmal gefrühstückt, und zwar mit mir! Ich serviere dir einen extra harten Schiffszwieback an saurem Heringssalat deftig gewürzt mit grobkörnigem Meersalz, damit du deinem Kapitän auch in dieser Hinsicht sehr nahe kommst.« Man konnte sich täuschen, aber Alexanders Stimme klang ein wenig gereizt.

Nur 20 Schritte bis zur hölzernen Gartenpforte des Nachbarn. Alexander suchte einen Klingelknopf, fand aber keinen. Solchen Luxus zu erwarten – in einem ehemals sozialistischen Schrebergarten – war auch zu vermessen. Er drückte vorsichtig gegen das Gatter – immerhin fremdes Eigentum – und tatsächlich, es öffnete sich schwerfällig. ›Ein paar Tropfen Tran vom toten Walfisch an den Scharnieren würden gut tun‹, dachte der Mann und beschloss, alles in diesem Garten, Haus und Insassen eingeschlossen, samt und sonders miserabel zu finden.

Lydia, sein drängendes Weib im Rücken, knuffte ihn ruppig in die Seite. Vorwärts hieß das. Schon hatte er sie ebenso unsanft neben sich gezogen und schob sie nun vor sich. »Hannemann geh du voran, wenn du es so eilig hast«, murmelte er und hielt es wie die zaghaften sieben Schwaben.

Vorgedrungen bis zum blau angestrichenen Eingang, Alexander wollte gerade anklopfen, da öffnete sich plötzlich die Tür einen Spaltbreit und eine männliche Stimme fragte aus dem hölzernen Off heraus: »Was gibt's?«

»Guten Tag, wir sind Gäste von Theo, wohnen zurzeit nebenan in seinem Gartenhaus und möchten uns heute bei Ihnen vorstellen, sozusagen als Nachbarn – temporäre mindestens.«

»Hm«, brummelte es hinter der Tür, mehr kam da nicht.

»Wenn es zu große Umstände macht, na ja, dann auf Wiedersehen.« Alexander suchte den schnellen Abgang.

Seine Lydia aber gab längst nicht auf: »... dann kommen wir gerne noch einmal wieder.«

Ihre Stimme schien offenliegende Nervenstränge beim Kapitän anzuregen, den Empfang des lockenden Singens der antiken Sirenen, die schon Odysseus, dem alten Griechen so arg zusetzten, denn blitzschnell hatte »Karlchen« seinen Kopf durch den Türspalt gesteckt, die tremolierende Dame wahrgenommen und reflexartig entschieden: »Bitte, bleiben Sie doch, machen Sie es sich in der Laube gemütlich, ich komme sofort.«

Alexander zuckte mit den Achseln und hob die Arme, wollte mit dieser Geste sein äußerstes Missfallen zum Ausdruck bringen. Dabei glich seine Miene der des Herkules', als der den Stall des Augias betrat.

Lydia allerdings nahm keine Notiz von ihm. Die alten Griechen sagten ihr ohnehin nicht zu. Sie hechtete nahezu in das empfohlene Staketenschlösschen, um sich für den nächsten kurzen Moment weiteren Träumen hinzugeben, denn des Kapitäns Haupt, das wie ein Januskopf zwischen der blau gestrichenen Tür und dem weißen Rahmen sichtbar wurde, bot durchaus Anlass, weitere angenehme Fantasien durch sich strömen zu lassen.

Zum Glück bemerkte sie nicht, dass der Gartenhausbesitzer in mehr als unfeiner Hast, eine junge Frau, von der man nur die wohlgeformte Rückenansicht wahrnehmen konnte, durch die Tür auf den hinteren Gartenweg schob und sie damit laut- und zeugenlos entsorgte.

»Das ist ja eine wirklich nette Geste, dass Sie sich – dass ihr euch bei mir vorstellt, eigentlich nicht üblich in diesen Breiten«, begann der Kapitän das Gespräch und hatte sich gleich neben Lydia auf das weiche Sitzkissen der Birkenholzbank gesetzt. »Ich bin Robert und wir duzen uns hier alle, aber ich denke, das wisst ihr schon.«

»Ja, ist ja klar, das ist Alexander und ich bin Lydia.« Sie sah Robert von der Seite an. Einerseits hätte sie ihn lieber gegenübersitzen gehabt, um ihn unauffällig zu mustern, andererseits ihn neben sich zu haben, weckte angenehme Gefühle, die sie auch nicht verachtete.

»Du bist doch ein Kapitän und Lydia ist der Meinung,

dass alle Kapitäne ›Karlchen‹ heißen müssen, warum heißt du denn Robert?«

Seine herrlich naive Frage zielte gegen Lydia – und mehr als treuherzig schaute Alexander dabei den Rivalen an. In seinem Inneren jedoch rumorte aufkommende Eifersucht, denn der Kerl vis-à-vis war wirklich ein Bild von Mann, außerdem schien er wesentlich jünger zu sein. Ein südländischer Typ saß da plötzlich neben seiner Geliebten, aber groß und schlank war er. Volles, ja tief dunkles Haar, feine Brauen über den dunkelbraunen Augen, eine leicht gebogene Nase und weiche geschwungene Lippen unterhalb der leicht vorstehenden Wangenknochen zeichneten das Haupt des verdammt gut gelungenen Nachkommen eines vermutlichen Beuteslawen vom Balkan. Der Kerl saß da in bequemen Jeans und aus einem offenen Cordhemd quoll das leider nicht künstliche Brusttoupet. Muskulöse Arme und feingliedrige Hände fummelten schon sehr verdächtig nahe Lydias rechter Hand.

Alexander konnte seine Beobachtung leider nicht fortsetzen, denn schon spürte er 30 Zentimeter unter Normalnull spitze Pumps, die die Position seines Schienbeines ausloteten und registrierte schmerzhaft den schnellen zielsicheren Stoß gegen eben dasselbe.

Robert dagegen konnte mit Alexanders Frage nun gar nichts anfangen. »Wieso Karlchen, warum sollen alle Kapitäne Karlchen heißen, Lydia?« Und schon hatte er ihre rechte Hand zu fassen. Lydia ließ es geschehen. Rache ist süß. »Ach, lassen wir das, Alexander bringt da wieder einmal einiges durcheinander, aber erzähle uns doch bitte von Schiffen und der hohen See. Wir sind ja erdgebundene Binnenländer und leiden unter der ewigen Sehnsucht, die Meere zu befahren und den stolzen Seefahrern anzugehören, die den rauen Elementen Stunde um Stunde, Tag und Nacht trotzen, nicht wahr Liebling?«

Doch Robert vertat seinen kostbaren Aufenthalt an Land nicht mit überflüssiger Wortakrobatik, schon gar nicht mit romantischen Abenteuerberichten von See, von denen die bescheuerten Landratten offenbar nie genug bekommen konnten. »Karlchen«, wie konnte ein Mensch nur so dämlich sein und so heißen? Er kannte niemanden, der sich so nennen ließ. Außerdem war er nur Erster Offizier an Bord. Die Ernennung zum Kapitän ließ noch auf sich warten. Doch diesen Umstand musste er seinen Besuchern nicht unbedingt auf die Nase binden. Ihn interessierte etwas ganz anderes: Er brauchte Klarheit. Übersicht, die er sich sonst von der Brücke seines Schiffes verschaffte. Er hasste den Nebel, der alles verschleierte, der ihn zwang mühsam auf dem Radarschirm ruhende und sich auf Kollisionskurs bewegende Objekte zu identifizieren, diese dann entweder von seinem Kurs zu scheuchen oder ihnen auszuweichen. Und immer drängte die Zeit, die verflucht kurze Zeit.

»Seid ihr verheiratet?«

»Volltreffer« hätte es in diesem Moment bei dem so beliebten Kinderspiel (aus der pädagogisch empfehlenswerten Reihe: Ohne Waffen Frieden schaffen) ›Schiffe versenken‹ geheißen. Es wäre sogar ein Superlativ geworden, denn mit einem einzigen Schuss hätte der Fachmann, der smarte Schiffsoffizier, gleich zwei schlingernde Kreuzer auf den Meeresgrund geschickt.

Es dauerte eine Weile bis seine Gäste diese Transparenz schaffende Frage ans Oberdeck befördert hatten. Lydia entzog dem Kapitän vor Schreck ihr Händchen, welches sie dem schönen Freibeuter bereitwillig vorübergehend überlassen hatte. Alexanders ohnehin nervöse Finger krallten sich an der naturhölzernen Tischkante fest, als er sich der »Klarheit« bewusst wurde, die mit der Antwort zutage treten würde.

»Feuer an Bord!« Dieses aber auf seinem morschen Kahn. Und dieser verdammte Seemann auf der anderen Seite des Tisches ließ wahrhaftig nichts anbrennen, der war drauf und dran ihn von der brennenden Gefahr zu befreien, von seiner Lydia. Ihre tucholskysche Tragikomödie entpuppte sich als das wirkliche Spiel mit dem Feuer. Eine selten gekannte Furcht, fast Panik erfasste Alexander. Es fiel ihm schwer, einen klaren Kopf zu behalten.

Da jedoch an diesem späten Vormittag ohnehin keine der gestellten Fragen wahrheitsgemäß beantwortet wurde, fasste er wie beiläufig, aber doch sehr gequält zusammen: »Nun haben wir uns ja kennengelernt, da dürfen wir jetzt auch Auf Wiedersehen sagen. Der Herr Kapitän will seine knapp bemessene Zeit sicherlich anderweitig nutzen, da wollen wir langweiligen Touristen nicht länger stören ...«

»Nee, ihr Lieben, so geht das nicht, auf unsere neue Freundschaft wird erst einmal einer getrunken. So ist es Brauch in Mecklenburg und an der gesamten Küste. Muss mich überhaupt entschuldigen, dass ich euch noch nichts angeboten habe.« Bei diesen Worten sprang Robert hastig auf. Dabei blickte er betörend in Lydias strahlende Augen, beugte sich zu ihr hinunter und deutete eine Umarmung an. Gleichzeitig schlug er Alexander mit seinem langen Arm auf die Schulter und zeigte dem seine blendend weißen Zähne, während sein Kinn auf Lydias sorgsam gestylter Frisur ruhte. Robert hatte erfahren, was er wollte und übernahm nun in erfahrener Weise das Ruder in seinem ureigenen Revier.

EINE IM BOOT, EINER IM SUPERMARKT

Es dauerte gegen alle guten Absichten – einerseits leider, andererseits sehr gewollt – etwas länger in der nachbarlichen Gartenlaube. Der Gastgeber zeigte sich sehr spendabel, er bemutterte Alexander geradezu mit der Versorgung verschiedener nördlicher Schnäpse, bis der gut Bedachte im letzten Moment noch einen schwankenden Rettungsring zu fassen bekam, seine offensichtlich verzauberte Lydia an einem freien Arm nahm, nicht mehr sehr zärtlich, versteht sich, und den dringend gebotenen Transfer in die heimatliche Hütte organisierte.

Der Kapitän bedauerte in seiner netten Weise den »frühen Abgang« der neuen Freunde und begab sich anschließend zu einem vereinbarten Umtrunk mit befreundeten Lotsen in die Stadt.

Am nächsten Morgen stand man in Theos Hütte schweigsam auf. Auch frühstückte man wortlos. Beiden fehlte der Appetit. Alexander versuchte die Symptome eines leichten Katers zu kaschieren und bereute den Leichtsinn des vergangenen Tages, hielt sich aber mit Vorwürfen zurück.

Lydia kämpfte gegen ein schlechtes Gewissen und gegen eine peinliche Unruhe. Das schlechte Gewissen galt Alexander, die Unruhe galt dem Neuen, dem Kapitän namens Robert. Da war wohl etwas Unkalkulierbares eingetreten. Wie konnte das brave Karlchen sich aber auch in einen solchen Supermann verwandeln? Wer sollte das auch ahnen? Und Alexander hatte nichts, absolut nichts dagegen getan. Gut,

gut, er wollte ja immer gehen, und er hatte sie mehrmals und nicht nur mit intensiven Blicken aufgefordert, schnell den Rückzug anzutreten, aber sie war geblieben. Warum nur? Es war die Faszination an diesem so anderen, an diesem so geradeaus stürmischen Mann. Er hat sie überrumpelt, dieser Mann mit dem unbeschreiblichen Sex-Appeal, mit der unfassbaren Ausstrahlung, der zu vergleichen war mit einem kraftvollen exotischen Tiger, der lautlos schleichend seine Tigerweibchen sucht und findet. Der immer siegt, der anwesende Rivalen zu willenlosen Zuschauern macht.

Liebe Dame, was nun?

»Robert hat uns auf sein Sportboot eingeladen. Das liegt im Timmendorfer Hafen auf der Insel Poel. Er sagte, er könne sich vorstellen, dass du vielleicht keine Lust dazu haben würdest, eine kleine Bootstour zu unternehmen, weil du ihm ziemlich deutlich deine Abneigung gegen alles, was mit feuchtem Wasser und der Seefahrt zu tun hat, gezeigt hast. In dem Fall würde er mich morgen früh hier vom Parkplatz abholen.«

Lydia vermochte es nicht Alexander direkt anzusprechen, so erzählte sie diese Unverschämtheit dem gleichgültigen Fenster, aus dem sie gerade hinausschaute, aber draußen dennoch nichts erkennen konnte.

Der gute Alexander schluckte zweimal. Dreimal. Eine derartige Kränkung war ihm noch nicht widerfahren. Die Zornesader an seiner Schläfe schwoll an, in seiner Kehle sammelten sich tierische Töne zu einem mörderischen Wutschrei, aber er beherrschte sich. Dann wollte er zum Kleiderschrank stürzen, seine Klamotten zusammenraffen, sofort abreisen, der feinen Dame zeigen, dass das grausame Spiel nun beendet sei. Aber auch diesen dramatischen Schlusspunkt versagte er sich. Kultivierte Menschen sprechen sich aus, diskutieren ihre alten und neuen Probleme, garnieren ihre meistens falschen Entscheidungen mit mehr oder weniger passenden Worten und hinkenden Vergleichen, kurz und gut: Sie kommunizieren.

So auch dieser Mann. Aber er brüllte nicht irgendwelche Möbel an, er zog Lydia in den Raum hinein, hielt sie an den Schultern fest, ziemlich grob sogar, schüttelte sie, damit sie wieder zu sich komme, damit sich seine scharf gesprochenen Worte in ihrem flatterhaften Verstand festsetzten.

»Schon gestern hat mir dein Verhalten die Sprache verschlagen. Doch lasse es dir gesagt sein: Wenn du deinen Mann mit einem Alexander betrügst, so bin ich der Alexander, der dich liebt und der um deinetwegen dieses nicht risikofreie Spiel eingegangen ist. Verliert aber auch der Alexander seine Lydia an einen triebhaften Seemann, dann hat er seine Rolle ausgespielt. Was sie ihrem Mann später erzählt, muss ihn sowieso nicht interessieren. Gehe nur auf dieses Boot, ich bin nicht dabei. Für Hahnenkämpfe fühle ich mich zu alt. Nur eines ist dir sicher klar, unsere gemeinsame Reise endet jetzt und hier!«

Lydia machte sich frei von ihm. Sie schritt zum Fenster, lehnte sich dagegen und sah Alexander traurig an. Mühsam suchte sie nach Worten, nach Fragen, nach einem Ausweg. »Was ist bisher passiert? Was habe ich mir zuschulden kommen lassen? Deine offene Feindseligkeit hat den Robert nur beflügelt, seine ganze Aufmerksamkeit mir zu schenken. Sicher, er hat mir den Hof gemacht, hat mich angemacht, wie man sich heute modern ausdrückt. Eine Frau in meinem Alter fühlt sich geschmeichelt, nette Komplimente erreichen sie im Alltag eh kaum noch. Du hättest ja einschreiten können, statt wie ein eifersüchtiger Primaner dumpf dazusitzen und dich mit Alkohol volllaufen zu lassen …«

Der verstörte Mann, der sich an den einzigen Schrank gelehnt hatte, sprang vor, hielt sich verkrampft am kleinen Campingtisch fest, als müsse er sich zurückhalten, als müsse er sich selbst vor unüberlegten Schritten bewahren. Aufwallender Zorn wusch sein Gesicht reinweiß. Wütend fuhr er ihr in die Parade: »Du bist eine erwachsene Frau und bedarfst keines Aufpassers. Im anderen Fall hättest du dir einen solchen Tugendwächter mit Nachdruck verbeten. Du bist für dich ganz allein verantwortlich, das weißt du ganz genau. Ein eifersüchtiger Liebhaber hat dir vor einigen Tagen noch sehr gefallen, und jetzt machst du mir ein solches Verhalten quasi zum Vorwurf. Natürlich«, und jetzt brüllte er so, dass Lydia erschreckt zusammenzuckte, »natürlich tut es weh, selbstverständlich bin ich eifersüchtig, zudem habt ihr zwei mich gestern bis auf das Blut gepeinigt: du mit deinen präerotischen Jungmädchenträumen und der widerliche Seemann mit seinem Schnaps! Ich weiß wirklich nicht mehr, warum ich mir eure alberne Turtelei widerspruchslos mit angesehen habe, ich weiß es wirklich nicht mehr«, wiederholte er erschöpft und schob sich auf den nächsten hilfreichen Bauernstuhl.

Das bunt karierte Kissen darauf fiel herunter, keiner hob es auf. Es schien sich wie eine Stoffballen gewordene Grenze zwischen den beiden Menschen aufgebaut zu haben.

Lydia stand noch am Fenster, sie sah unablässig in den Garten, aber die grünen Konturen verschwammen da draußen vor ihrem Blick. Konnte es sein, dass quellende Tränen die Pupillen verschleierten? Warum weinten ihre Augen? Sie selbst hatte doch überhaupt keinen Grund traurig zu sein oder sich etwas vorzuwerfen. Ein wenig schlechtes Gewissen, na ja, vielleicht. Dafür brauchte Alexander oder richtiger gesagt, Peter, doch kein solches Theater zu veranstalten. Und das Boot? Was würde auf dem Boot passieren? Nichts würde dort geschehen, gar nichts. Klar, der Robert, der würde schon etwas wollen, aber er bekäme nichts. Da wäre sie stark genug. Wäre sie das wirklich? Sicher, ganz sicher! Aber Peter, Alexander hat kein Vertrauen zu ihr. Und deswegen muss sie weinen, weil Peter kein Vertrauen zu ihr hat. Er könnte ja mitkommen. Doch er will nicht. Warum will er nicht? Ist er feige? Scheut er die Auseinandersetzung, zu der es vielleicht kommen könnte, auf dem kleinen Boot. Zwei Männer und eine Frau auf einem Boot: Geht das überhaupt? Wenn die Männer Freunde wären? Dann vielleicht. Eine gefährliche Ménage-à-trois, wie die Buchhändlerin im Zug bemerkt hatte. Wollte sie das wirklich? Tucholskys ›Schloss Gripsholm‹ besteht aus der Dreierbeziehung von zwei Frauen und einem Mann. Das ist der wesentliche Unterschied. Würde sie aber ihren Partner mit einer anderen Frau teilen wollen?

Lydia schreckte auf. Zu welchen unmoralischen Gedanken zwangt Peter sie überhaupt durch seine Weigerung mitzukommen? So wie er da sitzt am hölzernen Klapptisch, ein gebeugtes Häufchen beleidigter Leberwurst. Ihm aber nachgeben? Sie fischte ein Taschentuch aus ihrer Handtasche, die auf dem schmalen Fenstersims stand, und trocknete sich die Tränen. Er sollte ruhig sehen, dass sie geweint, dass er sie mit seinen Verdächtigungen sehr verletzt hatte.

»Warum willst du nicht mitkommen? Es kann sehr schön werden. Der Robert muss das Boot führen, da kommt der sowieso nicht auf dumme Gedanken. Lass uns doch einen

Tag auf dem Wasser verbringen. Das Wetter sollte sich auch halten. Bitte sage zu.«

Lydia hatte sich noch nicht vom Fenster wegbewegt, allzu förmlich klangen ihre Worte, allzu statisch das ganze Verhalten dieser Frau, die offensichtlich noch nicht mit sich im Reinen war. Unsicherheit, gar Trotz einerseits, das innige Verlangen diesen fremden anziehenden Mann der See noch einmal zu sehen andererseits, seine Nähe zu spüren, seine Berührungen noch einmal, nur ein einziges Mal noch zu empfinden.

Alexander hob den Kopf, sah sie durchdringend an. »Ich sage nicht zu. Ich bitte dich dagegen abzusagen, um deinetwegen, um unseretwegen. Lydia, du bist dabei, den Rubikon zu überschreiten. Dieser Schritt führte zum Bürgerkrieg der Römer. Dieser Mann will nichts anderes als Sex. Ein Opfer seines Berufes sucht ein anderes Opfer unerfüllter Sehnsucht zur Ausübung eines Aktes. Das Ergebnis wird eine billige Befriedigung sein. Nicht mehr und nicht weniger. Dummerweise werden wir beide die Leidtragenden sein. Ich selber befinde mich in einer unglücklichen strategischen Position. Wäre ich ein Neandertaler, so würde ich dich bei den Haaren packen und auf den nächsten Berg zerren. Leider haben wir Juristen der Neuzeit dafür gesorgt, dass man ein erobertes Weib nicht körperlich züchtigen und verschleppen darf. Also muss ich dich ziehen lassen, wenn Appelle nichts mehr bewirken. Berge gibt's hier auch nicht.«

Der letzte Satz sollte ein wenig aufmunternd klingen. Er verfehlte die Wirkung. Eher mutlos verfingen sich die Worte im engen Raum, rannen an den Kieferholzwänden herunter wie erstarrtes Harz.

»Wenn du schon nicht mitkommen willst, so erwarte ich

mindestens, dass du Vertrauen zu mir hast. Es wird nichts passieren! Aber meine Zusicherung scheint bei dir nicht auf fruchtbaren Boden gefallen zu sein. Du gibst uns jetzt schon verloren und weist mir der Einfachheit halber prophylaktisch die Schuld zu. Das ist perfide, Peter, und das ist gemein. Es ehrt mich andererseits, in die Rolle Cäsars gehoben zu werden. Aber glaube mir, ich bin stärker, viel stärker als die aufgeblasenen römischen Feldherren von damals, die alles, aber auch alles zerschlugen. Ich zerstöre nichts, schon gar nicht unsere Beziehung, die mir mein Leben bedeutet. Und um das zu beweisen, muss ich auf das Boot. Mir ist im Moment auch klar geworden, dass ich besser allein gehe.«

Klar ihre Stimme, konsequent ihr Entschluss. Lydia blickte Peter alias Alexander offen an. Wobei der Rollenname Alexander das Spiel auf der Bühne bedeutete. Diese Episode des Dramas spielte sich einmal wieder hinter den Kulissen ab, dort, wo die rohe Realität die Schauspieler beim Wickel hat, dort, wo plakative Pseudonyme keinen Schutz bieten.

Peter schwieg. Langsam drückte er seinen Körper in die Senkrechte, stützte sich mühsam mit beiden Händen auf dem Tisch ab. Wanderte einmal durch das Zimmer und es schien, als trüge er eine Zentnerlast, so sehr gebeugt bewegte er sich. Doch am Ende straffte sich seine Figur. Das Gesicht dieser Gestalt blieb vor einer mit vier Heftzwecken an der Wand befestigten Landkarte stehen, die die wasserblaue Bucht von Wismar zeigte.

»Gut«, formten die Lippen, die zu dem markanten, aber bleichen Gesicht gehörten. »Gut«, wiederholten sie, schon etwas klarer: »Ich bemühe mich, dir zu vertrauen. Dennoch habe ich Angst vor dem Danach. Wirst du mir in die Augen sehen können? Werde ich in deine blicken können, ohne eine Lüge dahinter zu vermuten?«

»Vor einer Lüge brauchst du keine Furcht haben, ich werde dich nicht belügen. Ich verspreche dir, dass ich, sollte ich mich wirklich vergessen, es beichten werde. Ob wir uns dann noch in die Augen schauen wollen, ist eine andere Frage. Dieser Fall kommt allerdings in meinen Intensionen nicht vor. Verstehst du mich denn nicht, Peter? Ich möchte lediglich die Atmosphäre auf dem Wasser genießen, das tiefe Brummen des starken Motors, die schäumende Bugwelle, das aufquellende gurgelnde Kielwasser, den Geruch des Bootslackes vermischt mit den perlenden Wassertropfen der Gischt einsaugen. Selbst einmal draußen in der Bucht das Steuerrad in die Hand nehmen, die unsagbare Freiheit auf dem Meer genießen. Und ja, auch die Nähe eines fremden Mannes empfinden, seine bewundernden Blicke auf mich, seinen Wunsch verspüren, mich zu umarmen, aber auch dem werbenden Manne deutlich die innere Stärke vermitteln, dass man nicht zu haben ist. Da mag eine Frau noch begehrenswerter erscheinen, aber es klärt die Fronten und es wird diesem Ausflug den Charakter einer kurzzeitigen Freundschaft geben, die es uns auch ermöglicht, später im Boot am Steg fröhlich zu plaudern und einen kleinen Imbiss einzunehmen. Und am Abend liefert mich Robert ganz brav zu Hause, das heißt hier im Kleingartenverein, unbeschädigt wieder ab.«

»So stellst du dir diese Bootstour vor …«

»So stelle ich mir diese Bootstour vor und genau so wird sie verlaufen. Schließlich bin ich eine verheiratete Frau …«

»Ah ja!«

FRAU WIRD VERSETZT – MANN BANDELT AN

Das Frühstück am nächsten Morgen war eigentlich keines. Alexander hatte sich eine Liste erarbeitet, um im Supermarkt »Knöpfchen« einzukaufen. (Man hatte sich wieder auf Tucholskys Vokabeln geeinigt, schien wieder zum Ausgangsspiel zurückgekehrt zu sein). Er verschwand sehr früh. Benutzte das Auto, denn das Einkaufszentrum sollte sich, nach Überlieferung der Gartennachbarn, am anderen Ende der Stadt befinden. Da er sich aus Prinzip nur schwer im fremden Straßenverkehr zurechtfand, baute er in seine Planungen immer eine ausreichende Verfahrzeit ein.

Die beiden unausgeschlafenen Insassen des Gartenhauses taten so, als ob es am Vortage überhaupt keine Differenzen gegeben hätte. Er wollte für die Ewigkeit Vorräte schaffen und sie hatte wieder einmal nicht das Richtige anzuziehen. Das Fieber in dem einen weiblichen Körper und die schmerzenden Kiefer in dem anderen männlichen wegen der nächtlichen zahnknirschenden Bewegungen unterdrückten sie, wollten es nicht wahrhaben, auf keinen Fall zeigen.

Endlich hatte Lydia doch eine passende Oberbekleidung gefunden, mit der sie sich an und auf der Ostsee sehen lassen konnte. Es war ihr sehr recht, dass Alexander nicht Zeuge ihres vorübergehenden Bekleidungsnotstandes und den Beinahe-Nervenzusammenbrüchen wurde. Aufgeregt stolzierte sie den Gartenweg hinunter, suchte auf dem buckligen

Zufahrtsgelände die feste Grasnarbe, um nicht mit ihren hochhackigen italienischen Designerschuhen im fruchtbaren Mecklenburger Sandboden stecken zu bleiben.

Vor des Kapitäns Sommerbehausung blieb sie stehen, schob ihr glühendes Gesicht durch eine Lücke der Hecke, versuchte aufbrechendes Leben innerhalb der grünen Bretter des Holzhauses zu entdecken, fand aber nur trügerische Unbeweglichkeit.

Die Sonne und die Schatten der großen Linden hüllten Haus und Garten in ein vorsommerliches Märchen. Die Rosen hatten ihre tiefgrünen Blätter an das Holz des Gartenhauses gelehnt und ihre jungen Triebe suchten sich Wege in den Himmel und noch naheliegender: in die kleinen dunklen Fenster mit den weißen Sprossen.

Aber das Häuschen war kein verwunschenes Schloss und es wohnte auch kein Dornröschen darin, sondern beherbergte einen liebebedürftigen Prinzen in dunkelblauer Kapitänsuniform mit feuervergoldeten Knöpfen, der wahrscheinlich nicht von einer bösen Nixe mit einem hundert Jahre wirkenden Schlafschnaps zur Ruhe gebettet wurde.

Doch Lydia beruhigte sich nach dem ersten kleinen Schrecken, den ihr das grimmsche Märchen ins zitternde Herz stieß. Man war doch um zehn Uhr auf dem Parkplatz unter den hohen Pappeln direkt an der Bundesstraße verabredet und dieser Termin war nun gerade mal um winzige zwanzig Minuten verstrichen. Der Robert würde brav in seinem japanischen Sportwagen hinter der rot-weißen Schranke mit dem aufgeschweißten weiß lackierten Eisenschild »*Nur für Mitglieder des KGV*« auf sie warten.

Würde er wirklich? Musste er bei ihrer, wenn auch äußerst unbedeutenden Verspätung nicht an einen Sinneswandel denken, den ihr vielleicht Freund Alexander in seiner schier krankhaften Eifersucht hätte eintrichtern können? Sie rannte förmlich die letzten Meter den Zufahrtsweg hinauf, bog um den riesigen Ligusterbusch, wandte sich geschickt um den Pfosten der Schranke und – stand auf einem verlassenen Parkplatz.

Lediglich zwei alte, bemooste Trabbis und ein lädierter PKW-Anhänger mit Namen »Ich bin für Gartenfreunde zu mieten« genossen ihr Gnadenbrot unter den schlanken Pappeln, die sich, elegant im leichten Winde wiegend, einen Dreck um den postsozialistischen Schrott zu ihren Füßen und um verpatzte Dates scherten.

Eisig kalt wurde es Lydia.

Sie konnte nicht wissen, dass Robert mitten in der Nacht per Handy zu seinem Schiff gerufen wurde und in diesem Moment auf dem ruhigen Wasser der Ostsee schipperte und sich der viel befahrenen Wasserstraße des Fehmarnbelts näherte. Zu seiner Ehrenrettung muss gesagt werden, dass er einen ganz kurzen Moment, beim ersten starken Kaffee auf der Brücke, an Lydia gedacht hatte. An ihr duftendes Haar, in das er seine Nase tauchen durfte. Ansonsten war alles andere an dieser Dame zu kompliziert. Und Komplikationen vermied er wie der Teufel das Weihwasser. In dem Logbuch seiner Vita tauchte der Name dieser sinnlichen Dame aus dem fröhlichen Rheinland gar nicht erst auf. Nicht einmal als schwabbelige Episode im eisgrauen Nebel vergangener Gedanken.

Just in diesem Moment musste natürlich auf dem noch schlafenden Parkplatz ein Auto auftauchen. Es hielt vor der Schranke, knochenschonend stieg ein älterer Herr aus, fummelte umständlich am Vorhängeschloss der Schrankensicherung, schloss es auf, hob die Schranke in die Höhe und setzte sein Auto in die einzige gekennzeichnete Parkbucht. »Vorstand des KGV« stand darauf.

Vom Beifahrersitz aus fixierte die ebenfalls müde Ehefrau misstrauisch die fremde Person, die sich offenbar in eindeutiger Wartehaltung einen neuen Standort auserwählt hatte. Das durfte ein Vereinsvorstand auf keinen Fall dulden. Deswegen suchte die liebe Gattin schon einmal die regulierenden Sätze zusammen, die nun der Mann im Auto zu hören bekam und die er der losen Person da draußen in aller Deutlichkeit um die Ohren zu schlagen hatte. Und zwar derart, dass das offensichtlich nestsuchende Straßenschwälbchen nie wieder in die Versuchung geraten würde, den moralisch einwandfreien Kleingartenverein mit seiner unerwünschten Anwesenheit zu besudeln. An der abwehrenden Gestik drinnen im Auto erriet man allerdings, dass der Herr Vorsitzende den Gebrauch von groben Worten verabscheute.

Dennoch blieb es ihm nicht erspart, die immerhin elegant gekleidete Dame, zudem auch noch sehr hübsch anzusehen, in die Schranken – besser noch, außerhalb von diesen zu weisen.

»Sie dürfen sich hier nicht aufhalten, das ist ein Privatgelände.«

»Das weiß ich, aber ich warte auf jemanden.«

»Dass Sie auf jemanden warten, kann ich mir lebhaft vorstellen«, erwiderte der alte Mann verständnisvoll und stellte fest, dass leichte Mädchen, selbst wenn sie die Dreißig überschritten haben, doch wunderschöne Augen besitzen. Er blinzelte verstohlen zum Auto hin, so, als würde er vergleichen wollen, bekam von den brillenbewehrten hinter der Windschutzscheibe allerdings ein sehr zornig blitzendes Signal übermittelt, das ihn wieder einmal aus frischen Träumen riss.

»Ja aber, hier können Sie wirklich nicht bleiben. Außerdem kontrolliert die Polizei diesen Abschnitt mit preußischer Regelmäßigkeit. Die würden Sie schnell erwischen!«

»Die Polizei?«

»Der möchten Sie doch sicher aus dem Wege gehen, bitte suchen Sie sich einen anderen Platz. Hier kommen ohnehin nicht viele Autos vorbei. Ist ein guter Rat.« Der gute Pastor aus Gürlitz in Fritz Reuters Roman konnte nicht freundlicher gesprochen haben.

Nur – Lydia verstand überhaupt nichts. Die zierliche Armbanduhr zeigte es an, Robert würde nicht mehr erscheinen. Tiefe Enttäuschung machte sich breit und natürlich auch die Schmach, versetzt worden zu sein. Was sollte sie tun? Zurück ins Gartenhaus und schmollen, vielleicht auch weinen? Nein, das kam nicht infrage. Bevor sich die Traurigkeit über sie legte, deren deprimierende Folge sie leider kannte, musste sie fort, weg von diesem Verein, weg von diesen widerlichen Lauben, diesen verdammten Parkplatz sofort verlassen.

»Haben Sie ein Handy dabei, könnten Sie es mir leihen, ich meine, könnten Sie mir ein Taxi rufen?« Traurig flehende Augen blickten den Mann an.

Der verstand die Welt nicht mehr. Die schien ja fast zu weinen. So menschlich hatte er sich diese raffinierten Biester nicht vorgestellt. Und es gehorchte tatsächlich. Eine solche Geste hatte er seit seiner Heirat nie mehr erlebt. Selbstverständlich wollte er helfen – diesem armen verlassenen Schwälbchen. Behände griff er in seine Jackentasche – und hielt inne, ewig peinigende, gehorsam erduldete Blicke drangen wie giftige Laserstrahlen aus dem Auto, lähmten ihn bis zur Unmündigkeit. »Tut mir leid, habe es nicht bei mir.« Der Mann schämte sich bei dieser Lüge fast zu Tode und schaute hilflos in das blühende Unkraut zu seinen Füßen.

»Da kann man nichts machen, besten Dank zunächst. Bemühen Sie sich nicht weiter, dann gehe ich zu Fritz.« Lydia drehte sich um und stöckelte den Weg zurück in Richtung Vereinsheim.

»Was hat sie gesagt?«, herrschte die Frau, einer Furie gleich, ihren verstörten Ehegatten an.

»Sie will zum Fritz.« Und es klang so, als ob der Erzengel Gabriel dem ehrenwerten Vorstandsvorsitzenden gerade eben verkündet hätte, dass er seinen Kleingartenverein nicht mehr ›KGV‹, sondern ab jetzt nur noch ›KGV Sodom & Gomorra‹ nennen müsse.

Alexander staunte. So viele Menschen am frühen Morgen hätte er in einem Supermarkt nicht erwartet. Wo kamen die alle her? Wismar stand nicht unbedingt in dem Ruf eine Metropole der Küste zu sein und das grüne Umland protzte auch nicht gerade mit einer hohen Bevölkerungsdichte. Die auf den wenigen flachen Hügeln drapierten Windgeneratoren der neuen Ideologie schufen sicherlich auch keine prosperierende Industrie und machten die Bewohner reich. Eher einige wenige, die sich attraktivere Domizile anderswo außerhalb solcher Spargelhorizonte leisteten.

Dennoch standen die Menschen vor den gefüllten Regalen und beförderten angepriesene Superangebote in die fahrbaren Warenkörbe, die entweder von plappernden Kindern oder von jugendlich wirkenden Rentnern durch die Gänge geschoben wurden. Spirituosen zählten offenbar mit zu den lebensnotwendigen Nährstoffen, denn kaum einer der Einkaufswagen, die an ihm vorüber ratterten, entbehrte diesen vermeintlich tröstenden Stoff. Der Fremde aus Düsseldorf registrierte nur, er bewertete nicht. Ihm war nicht klar, ob nicht auch die Wagen in Düsseldorf ähnlich geschichtet an den Kassen standen. Alexander fragte sich nur: Das Geld, das hier ausgegeben wird, muss doch irgendwo verdient werden?

Den Supermärkten ist es neben einigen wenigen Kinos gelungen, die im Kriege und auch danach so beliebte Anhäufung von Menschen vor den Geschäften, mindestens aber an der Kasse zu restaurieren. In einer solchen befand sich nun auch der ungeübte Knöpfchenkäufer des Jahres 2003.

Sie, die Schlange – nicht die da draußen auf dem Boot – lenkte ein wenig ab, weil er vor sich in ein geordnetes Gewirr von dunklen, seidig glänzenden Haaren blickte und die Figur, die zu dieser Frisur gehörte, hätte die von Lydia sein können. War es natürlich nicht, aber seine Gedanken wanderten leider wieder in eine gemeine Richtung. Geografisch hätte man Norden sagen können, denn dort befand sich die Ostsee, darauf tuckerte jetzt eine üble Schiffsschaukel und darin saßen zwei Personen, ein Mann und eine Frau und diese ... Nein, er mochte nicht weiterdenken. Es schmerzte zu sehr. Sie hatte gesagt, sie würde standhaft bleiben. Lachhaft – bei diesem Kerl, bei diesem Seemann!

»Hallo, ich glaube, Sie sind jetzt dran!« Eine glockenreine Altstimme in seinem Rücken riss ihn aus den finstersten Vorstellungen. Vor ihm gähnte eine unverzeihliche Lücke an der nach Euro gierigen Kasse. Weiter hinten meckerten bereits einige ewig unter Zeitmangel leidende Rentner, vorsichtshalber verhalten auf Plattdeutsch, denn der hochgewachsene Blockierer da vorne sah so nach Wessi aus, da nahm man sich besser ein wenig zurück.

Nun gehörte Alexander zu den Menschen, die sich auch im stressigen Dunstkreis einer Supermarktkasse nicht nötigen lassen, also schob er sich zwar nach vorne, doch beugte er sich gleichzeitig zur Seite, jedenfalls so weit, wie es seine angeknackste Wirbelsäule noch zuließ, um den zugehörigen Korpus der faszinierenden weiblichen Stimme hinter sich zu besichtigen. Was seine Augen nun und ganz schnell umfassten, war das Glanzbild einer jungen schönen Frau.

»Billie«, murmelt er entzückt, so muss Billie ausgesehen haben. So muss sie auch gesprochen haben. Wie angewurzelt blieb er stehen.

Die an den freiheitsliebenden Haupthaaren mit Wasserstoffperoxid behandelte Kassiererin wurde unruhig. Im Prinzip reagierte sie wie Radio Eriwan, sie hatte nichts gegen kleine Pausen, aber wenn diese durch nicht parierende Kunden verursacht werden, dann rappelt's im Karton. »He Sie, nu machen Se ma hin, das ist kein Zoo hier, wo man überall hingucken kann, das hier ist ein Supermarkt, da kauft man und bezahlt. Und man bezahlt bei mir!« Dabei klopfte sie unbeherrscht mit einer Dreikantleiste namens ›Der nächste Kunde bitte‹ auf das wehrlose Gummi des Laufbandes, das sie nun dieses linienuntreuen Kundens wegen anhalten musste.

»Bitte«, raunte die traumhafte Stimme wieder, »fügen Sie sich, sonst werden Sie wegen schädigenden Kassenverhaltens vom Warenerwerb ausgeschlossen. Dann gehen Sie hier leer aus!« Und sie, Billie, lächelte ganz entzückend dabei.

Alexander wusste später nicht mehr, mit welch miserablen Zensur er die Prüfung an der Kasse bestanden hatte.

Rein mechanisch klaubte er die einzelnen erworbenen Positionen aus dem Einkaufskorb und stopfte sie in die riesige Plastiktüte. Diese wurde ihm von der zunächst zürnenden und dann plötzlich stummen Kassenwärterin – gegen Aufpreis selbstverständlich – mitleidig zu den Marmeladen- und Gurkengläsern (aus dem Spreewald), zu dem Brot und den Batterien, zu den Socken (er hatte keine mehr) und auf die Eierpappe (mit tagesfrischen Eiern aus Mecklenburg) gelegt. Der Käufer machte auf sie einen derart hilflosen Eindruck, dass ihr Zorn von jetzt auf gleich verrauchte. Außerdem sah der Mann für Supermarktverhältnisse ungewöhnlich gut aus, so dass sie sich überwand, aufsprang und dem Herrn beim Einpacken seiner Ware zur Hand ging. Stammkunden erzählten sich später noch lange von dieser wundersamen Wandlung ihrer Renate, die sie noch nie in voller Größe, das heißt, aufrecht stehend, an ihrem Kassenplatz bewundern konnten. Als Dank erntete sie einen tiefen Blick (der wirkte immer noch) des honorigen Kunden, der ihr gleichzeitig versicherte, in den nächsten Tagen wieder mal vorbeizuschauen.

Ein noch sehr viel intensiverer Blick galt der schlanken jungen Frau, die nun an der Kasse stand und sich lange nicht so unbeholfen gebärdete. Alexander konnte sich nicht sattsehen an dieser knabenhaften Figur im sportlichen Frühjahrsmantel, an ihren eleganten Bewegungen, an den schlanken Händen. Er bewunderte ihr ebenmäßiges Profil und den sportlich gebräunten Teint, der so wunderbar zu ihrem naturblonden Haar passte. Sie schlug ganz kurz die Augen nieder und Alexander konnte dabei ihre langen seidigen Wimpern wahrnehmen. Wie alt mochte sie sein? Mitte dreißig vielleicht. Zu jung für ihn? Das käme auf einen Versuch an:

»Ich möchte mich noch einmal ganz herzlich für Ihre Aufmunterung bedanken, ich war wohl sehr in Gedanken?«

»Nun, das konnte ich nicht feststellen, sah ja nur Ihren Kragen, aber der routinierteste Einkäufer scheinen Sie nicht zu sein.«

Bereitwillig ging die junge Dame auf ihn ein. Beide blieben im zugigen Foyer stehen, wenn man mit diesem Begriff die profane Vorhalle des merkantilen Etablissements aufwerten darf. Einem Mann wie Alexander genügte der Bruchteil einer Sekunde:

»Ich kenne eigentlich nur den Baumarkt in Düsseldorf-Gerresheim. Dort gehört eine moderne Cafeteria zum Inventar. Sollte es hier ebenfalls eine solche gesellschaftsfördernde Einrichtung geben, so würde ich Sie gerne zu einem Kaffee einladen. Als Dank sozusagen. Es hätte für mich ja noch viel peinlicher ausgehen können, wenn Sie mir nicht diesen kleinen Anstoß gegeben hätten. Und diese Kassiererin, die ...«

»... Haben Sie ja mit einem einzigen Blick gezähmt. Ja, die eleganten Herren mit den grauen Schläfen wirken Wunder in einem tristen Kassiererinnenleben, sind jedoch zu selten«, bemerkte die junge Dame lächelnd und wie mitleidig schaute sie zu der Kassiererin hinüber, die sich wieder in die blinkenden Leuchtdioden auf dem Display ihrer Kasse verbissen hatte.

»Wirklich, habe ich den Zerberus milder stimmen können? Darauf kann ich mir jetzt etwas einbilden. Vielen Dank für das Kompliment an die Abteilung der grauen Schläfen.

Reichen sie denn auch bei Ihnen für den gemeinsamen Kaffee aus?«

Treuherzig – das konnte er gut – schaute Alexander seine reizende Eroberung an. Beide bemerkten nicht das nervöse Geschiebe und das Gezerre der anderen Kunden um sie herum. Sie blickten sich an und die eigenen Augen fanden immer mehr Gefallen an den anderen. Die junge Dame nickte. Eine Locke ihres vollen blonden Haares löste sich von der Schulter und huschte an die Wange, um ein verräterisches Erröten zu verdecken.

Gar nicht weit vom Ausgang entfernt hatte das emsige Management des westdeutschen Handelskonzerns eine für den erfrischenden Kaufanreiz höchst ungeeignete Fläche zu einem funktionellen Bistro umgewandelt und so sah das dann auch aus.

Immerhin werkelte eine weibliche Bedienung hinter dem angedeuteten Tresen, und das nicht nur dort, denn kaum hatte sich das ungleiche, aber dennoch harmonisch wirkende Paar an einen dunkelroten Plastiktisch und auf die Holzimitation von Polyvinylchlorid-Stühlen niedergelassen, stürzte die weiße Schürze fast überfallartig aus ihrer Deckung hervor und eilte den neuen Gästen entgegen.

Zwei Meter vor ihnen pflanzte sie sich das von der Geschäftsleitung erzwungene Lächeln ins breite Gesicht. »Einen schönen guten Morgen. Was kann ich für Sie tun?«

Einstudierte mechanische Gesten, über den großen Teich getragen, in Old Germany und natürlich auch in Meck-Pomm angewendet, steigern keinen Umsatz, wenn Menschen nicht gewillt sind, andere Menschen zu bedienen. Man darf diesen Umstand als wenig nützliche Überbleibsel nordgermanischer Stämme bezeichnen, die Dienstleistungen zu erbringen als Beleidigung ansahen und in diese Rolle gezwungen, sich als minderwertig betrachteten.

»Leever dood as Slaav« hieß es früher und die Keulen in den Händen der Krieger drohten den Unterdrückern – also allen Chefs zum Beispiel – mit erheblichen Schwierigkeiten.

Alexander vergaß einen ganz kurzen Moment die nette Begleitung. Sie als Eroberung zu bezeichnen, schien verfrüht. Er beschäftigte sich mit der dienstleistenden Dame, die vor ihnen stand und sie neugierig, ja fast aufdringlich betrachtete. Die Gäste als Personen schienen interessant für sie zu sein, nicht unbedingt das, was sie als Kunden verzehren wollten. Eigentlich sah sie richtig adrett aus, von der Erscheinung her durchaus ein Lichtblick in der tristen und schwach besuchten Cafeteria, aber jeder sensible Gast konnte fühlen, dass sie ihren Job nur widerwillig ausfüllte.

Der fremde Gast wollte sich schließlich doch nicht mehr als Anthropologe betätigen, wenn er auch zu gerne gewusst hätte, was sich hinter der leicht gekräuselten Stirn der Frau mit der weißen Schürze abspielte.

»Was hätten Sie gerne?«, wandte sich Alexander schnell an seine blonde Begleiterin. Stolz erfasste ihn, dass ein solch zauberhaftes Wesen neben ihm saß. Ihre Erscheinung musste ihn ja aufwerten.

»Ich nehme einen Cappuccino, der ist hier immer sehr gut.« Dabei sah die junge Frau die Bedienung aufmunternd an, geradezu so, als ob sie der Frau ein wenig mehr Selbstwertgefühl vermitteln wollte.

»Gut, dann bringen Sie mir bitte auch einen«, schloss sich Alexander der Bestellung an. Wortlos schob die Bedienung davon.

»Mandy in der Provinz war da sehr viel entgegenkommender«, murmelte der Mann und blickte der Bedienung mitleidig nach.

»Ich verstehe nicht, wer ist Mandy und welche Provinz meinen Sie?«, fragte das himmlische Wesen neben ihm.

»Entschuldigen Sie vielmals, schon wieder vergleiche ich, einer meiner vielen Fehler. Aber kaum zu vermeiden, wenn ein Westdeutscher sich etwas intensiver mit den Schwestern und Brüdern in den neuen Bundesländern beschäftigt. Wir – ich – machte kürzlich einen Ausflug ins Innere des Landes und hatte das Vergnügen eine ähnliche Situation in einer kleinen Konditorei zu erleben …«

»Meinen Sie, die Verhältnisse bei Ihnen in Westdeutschland sind besser, die Menschen dort freundlicher?«

»Nein, es kommt natürlich auf die jeweilige Situation an, aber so viel glaube ich erkannt zu haben, es gibt keine Unterschiede – leider. Ich hatte mir vorgestellt, dass irgendwo in Deutschland noch gute Eigenschaften konserviert worden wären, die jetzt zum Vorschein gebracht uns allen nützen könnten …«

»Sind sie Lehrer?«

»Nein, wie kommen Sie darauf?«

»Lehrer und Politiker verzapfen vielfach solchen Quatsch …«

»Sie reden Klartext, besten Dank dafür. Als Politiker kann ich aber auch nicht dienen. Es spielt auch keine Rolle, wer und was man ist. Jeder muss sich ein Urteil bilden dürfen, und meines ist, dass die Deutschen – ach, lassen wir das! Sprechen wir von uns. Da ich annehme, dass Sie aus dieser Region stammen, dann muss ich den Mecklenburgern ein großes Kompliment aussprechen, sie produzieren ausgesprochen schöne Frauen.«

»Danke sehr, aber wir Mecklenburger produzieren überhaupt nichts mehr, selbst das Kinderkriegen ist unter den derzeitigen Lebensbedingungen völlig aus der Mode gekommen.«

»Einspruch, meine Dame, so viele Kinderwagen, wie sie in dieser schönen Stadt umherrollen und auch heute Morgen unter diesem regenabweisenden Dach Einkaufen fahren, habe ich in Düsseldorf mein Lebtag nicht gesehen.«

Und wie zum Beweis deutete Alexander auf eine junge Mutter mit gefülltem Kinderwagen und zwei zappeligen unruhigen Geistern, deren dunkler Teint und deren pechschwarze Haare nicht unbedingt auf eine Herkunft aus norddeutscher Scholle schließen ließen. »Na ja«, gab er dann kleinlaut zu, »bei rhetorischen Beispielen habe ich in der letzten Zeit wiederholt danebengegriffen, außerdem verhindert meine ererbte Eitelkeit in entscheidenden Momenten die Brille aufzusetzen. Entschuldigen Sie bitte, aber ich habe ganz vergessen mich vorzustellen, mein Name ist Pe… – ach, sagen Sie einfach Alexander zu mir.«

»Als Vor- oder Nachname?«

»Sowohl als auch, geht das?«

»Nein, eigentlich geht das so nicht. Vor allen Dingen ist bei mir Vorsicht geboten, denn ich bin Anwältin und mein voller Name lautet Claudia Claudius.«

Sie lächelte dabei, was ihn völlig verzauberte. ›Gar nicht auf den Kopf gefallen‹, dachte er bei sich, ›schwindelt wie ich, logisch eigentlich, schließlich gehört sie zum Fach.‹ Doch er wollte unbedingt etwas wissen: »Ich darf mich glücklich schätzen, dass wir hier zusammensitzen. Warum haben Sie meine Einladung angenommen, Claudia?«

»Sie sahen und sehen immer noch irgendwie verstört aus.

So, als hätten Sie Kummer und müssten diesen beim Einkaufen absondern. Wobei ich Ihnen dringend anraten muss, im Wiederholungsfall einen anderen Wirkungskreis zu wählen. Sie haben den Betrieb ganz schön aufgehalten. Ich hatte schon Sorge, dass Sie vor Wut ganze Regale umwerfen würden …«

»Sie haben mich beobachtet?«

»Ja.«

»Das ist mir jetzt wirklich peinlich.« Und in seinen Gedanken tauchten ein sportliches Motorboot, die Wismarer Bucht und eine Frau namens Lydia auf. Er ballte die Fäuste, bis die Knöchel weiß hervortraten und sich seine Fingernägel schmerzhaft in die Handfläche gruben. Auch traten seine Kiefer wieder in Aktion, pressten die Backenzähne wie wild aufeinander. Doch dann legte sich eine schlanke Hand auf seinen Arm und eine mitfühlende Stimme fragte: »Tut's weh?«

Er versuchte zu lächeln, was nicht so ganz gelang. »Gedankenlesen scheint auch eine ihrer Gaben zu sein. Beobachten Sie grundsätzlich Menschen, die bestimmte Leute am liebsten erwürgen möchten? Das kann man denen doch nicht von der Stirn ablesen.«

»Jetzt überschätzen Sie mich. Nein, Hellsehen kann ich nun wirklich nicht, aber auffällige Menschen interessieren mich schon des Berufes wegen …«

»Nun sagen Sie bitte nicht, ich sei auffällig geworden, und zwar im juristischen Sinne!« Da klangen schon ein bisschen Härte und Bitterkeit aus seinen Worten und er versuchte auch gar nicht, diese abzumildern.

Die Cappuccini kamen. Man rührte schweigend ein wenig Zucker unter die schaumige Milch und genoss das belebende

Getränk. Alexander hatte sich zu hastig, auch um sich abzulenken, in den Becher gestürzt und trug jetzt einen eleganten Schnurrbart aus Schaum und Kakao. Claudia musste lachen. Ein herzlicher Ton, der gar nicht so recht in das profane Ambiente passen wollte. Kichernd murmelte sie, ihn belustigt von unten herauf ansehend, »mit diesem Kakaobart gleichen Sie dem westdeutsche Heiratsschwindler Alexander K. auf's Haar. Der ist ein vorzeitig Strafentlassener und macht zurzeit unser unverdorbenes Bundesland unsicher. Er bringt die naiven einsamen Witwen des Nordostens um ihre spärlichen Renten und um die denkmalgeschützten Bruchbuden, die vererbt werden. Noch wurde er nicht erwischt, eventuell verdiene ich mir eine Belohnung …«

Sie reichte ihm einen Taschenspiegel, damit er sich die Verwandlung selbst ansehen konnte. So recht vertrug er es nicht, wenn andere über ihn lachten, aber hier spielte er mit. Das war er dieser jungen, zauberhaften Frau einfach schuldig und ein wenig Hoffnung auf Weiteres machte er sich auch, der alte graue Wolf.

»Nicht übel, gar nicht schlecht, könnte mich daran gewöhnen. Und einen gut bezahlten Job als Heiratsschwindler könnte ich mir auch vorstellen. Wie alt ist denn Ihr Ehemann, und wie hoch wäre im Falle des bedauerlichen Ablebens Ihres ehrenwerten Gatten die Summe der Erbmasse in Euro, nach Steuern, versteht sich?«

War das die Ouvertüre zu einem neuen Spiel? Gab er die Tucholsky-Aufführung als persönlich durchgefallen auf? Doch die so nahe sitzende, erkorene neue Partnerin ging noch nicht auf seine Offerte ein, mit weiblicher Neugierde forschte sie nach seinem vorangegangenen und längst noch nicht abgeschlossenen Auftritt.

»Ist es eine Dame, die Sie ins Inkognito treibt? Ist es Ihre Gattin, die Ihnen den Kummer bereitet, oder begehren Sie die Frau eines anderen? Hat Sie dieses Abenteuer in unsere gottverlassene Gegend getrieben, die doch sonst nur von ein paar Nostalgie suchenden Ostseetouristen heimgesucht wird? Und zu dieser dritten Klasse zähle ich Sie nicht.«

»Er ist ein Pirat, hat mir meine Liebste geraubt.
Im stürmischen Wind, gebunden am hölzernen Mast,
erliegt sie ihm. Salzige Wogen brechen
über sie herein und ihre Tränen zerrinnen
in den Meeren der Welt. Warum nur, warum?«

Aus dem Unterbewusstsein, wie in Trance formulierte Alexander diese Worte. Vorsichtig gesprochen, als bestünden sie aus gläsernen zerbrechlichen Runen, schwangen sie im Raum. Ironie und Trauer beherrschten plötzlich die Szene, wie in einem privatwirtschaftlich geführten Theater, wo der Intendant den Dramaturg wegen Geldmangels entlassen musste, wo danach Komödie und Trauerspiel rationell in einem einzigen Akt mit zwei Aufzügen abgehandelt wurden.

»Lieber Herr Alexander, ich finde mich nicht mehr zurecht, zu Beginn hielt ich Sie für einen auf Abwege gelangten Versicherungsvertreter, dann für einen überzeugenden Schwerenöter, jetzt für einen Schauspieler oder vielleicht sogar Lyriker. Wer sind Sie, was sind Sie?« Ihre Augen forschten in seinem blassen Gesicht. In diesem Moment hätte der Mann die ersehnte Verabredung festmachen können, sie, Claudia, wäre gekommen; sie hätte sich in dem verfallendsten Schuppen am entferntesten Kai des alten Hafens eingefunden, so sehr gefangen war sie, die sonst kühle und selbstbewusste Anwältin der dominierenden Generation.

Doch Alexander reagierte geistesabwesend, fast irr; er stand auf, nickte ihr lediglich zu, was Abschied bedeuten musste, an Unhöflichkeit nicht zu überbieten. Mechanisch reichte sie ihm seine Einkaufstüte, überrascht und unfähig überhaupt Worte der Aufklärung zu verlangen, Entrüstung und Enttäuschung zu äußern. Er drehte sich um und stolzierte mit hölzernen Bewegungen, einer amateurhaft geführten Marionette gleich, dem Ausgang zu.

Zwei Frauen verfolgten jeden seiner ungleichmäßigen Schritte mit einerseits bangen und andererseits mitleidigen Blicken. Bang vom Tisch aus, dem verschwindenden Mann nachblickend. Mitleidig vom Tresen aus, nachdem sich die Bedienung mit einem kurzen Blick vergewissert hatte, dass mindestens ein die Zeche zu zahlender Gast noch am Tisch saß, nämlich die junge Dame, die den alten Kavalier wohl gerade in die Wüste geschickt hatte. Das hätte die nicht tun sollen, aber solche Schönheiten können sich eben alles erlauben. Deswegen kassierte sie schnell und mit einer schnippischen Geste ab.

OSTSEEWELLEN

»Wohin darf ich Sie bringen?« Trotz des frühen Morgens freundlich die Frage des Taxifahrers, der alle Durchfahrtverbote missachtend Lydia direkt vor Fritzens Kneipe in sein Fahrzeug steigen ließ.

»Fahren Sie mich einfach ans Meer.«

Der Mann am Steuer schaute seinen durchaus weiblichen Fahrgast ein wenig von der Seite an, dann blickte er wieder nach vorne, als ob er die entfernte Küste durch all das Grünzeug sehen könne, und sprach bedächtig: »Wir haben aber bannig viel Meer hier, meine Dame, 'n büschen genauer müssen Sie sich schon ausdrücken. Wenn Sie zum Hafen wollen, da ist jetzt noch nix los. In Wendorf können Sie auch nichts anderes, als auf die Seebrücke zu gehen oder am Wasser entlangzuwandern. Aber wandern – «, er blickte nur kurz auf ihre entzückende italienische Schuhkreation, »wandern kommt wohl nicht infrage …«

»Ich wollte eigentlich mit einem Sportboot fahren, aber der Kapitän …«

»Ja, das hätte ich mir denken können, genau so sehen Sie aus.« Schmunzelnd musterte der gemütliche Fahrer das schicke, voll aufgetakelte Weib neben sich. Verlegen zog sich Lydia den vielleicht doch etwas zu kurzen Rock über die Knie. Konnte dabei nun leider nicht verhindern, dass sich die Kostümjacke (die früher doch sehr viel weiter erschien) öffnete, die neue Bluse so komische Falten warf und plötzlich einen tiefen Einblick bot.

Aber der Mann an ihrer linken Seite hatte sich schon wieder abgewendet, peilte krampfhaft zum Seitenfenster hinaus, war sich nicht im Klaren darüber, was er mit diesem seltsamen Fahrgast am Rande des immergrünen Kleingartenvereins anfangen sollte. Er war doch lediglich ein motorisierter Dienstleister, da darf man wohl Kunden erwarten, die wenigstens wissen, wohin sie wollen; für das Mitdenken und raffinierte Tourenplanungen reichten die spärlichen Beförderungstarife wahrhaftig nicht aus.

»Ich möchte aber ans Wasser, ich möchte dorthin, wo man einen weiten Blick auf die See hat, an einen Strand, wo man in der Ferne vielleicht Schweden sehen oder mindestens erahnen kann. Es ist mir egal, was dieser Ausflug kosten wird.«

»Das, werte Dame, is'n Wort!«, und schon fuhr der Wagen an. Mit einem Griff schaltete der Chauffeur den Taxameter ab und erklärte: »Ich bringe Sie auf die Insel Poel. Wir überqueren den Damm bei Fährdorf, machen Halt in Kirchdorf und fahren dann weiter nach Timmendorf an die See. Dort können Sie in die weiteste Ferne gucken, Schweden werden Sie allerdings nicht entdecken, liegt zu weit weg, aber jede Menge Salzwasser wird angeboten und ich empfehle Ihnen, am Hafen eine kräftige Mahlzeit einzunehmen, zu zivilen Preisen versteht sich, denn dieser, unser Badeort, ist noch nicht verdorben. Sie können sich Zeit lassen, ich werde jeweils warten, Sie zurückbringen und für das Ganze zahlt mein zufriedener Gast nicht mehr als einhundertfünfzig Euro bar in diese steuereinnehmenden Hände.«

Er hob dabei zwei rissige Pranken in die Höhe, die ahnen ließen, dass der Mann nicht immer ein Kraftfahrzeug bedienen musste.

»Von Timmendorf habe ich schon gehört«, murmelte Lydia gedankenvoll und tippte dem Fahrer nahezu kumpelhaft auf den Arm, was ein uneingeschränktes Ja bedeutete.

Während sich ein Taxi auf der viel befahrenen Küstenstraße nordwärts bewegte, saß ein verstört wirkender Mann auf dem Geländer der neu errichteten Seebrücke an der Bucht in Wendorf und schaute abwechselnd auf den nahe gelegenen Sportboothafen oder in die offene See, um mit Radarblicken festzustellen, ob sich da drinnen oder da draußen in einem bestimmten Boot zwei unartige Menschen befinden, denen er gerne etwas angetan hätte. Doch er sah natürlich nichts und es war ihm klar, dass sein Bemühen ohne Erfolg bleiben würde. Im Gegenteil, jeder prüfende Blick in die ruhige Bucht mit den wenigen Booten darin, jeder schwankende Mast eines Segelbootes im nahen Hafen verstärkte die Schmerzen in seiner Herzgegend. Eine spürbare körperliche Pein, unter der er litt und sie war ihm eine neue Erfahrung, keine gute und keine gewollte. Dieser Zustand kurz vor dem Erbrechen konnte nicht ordinäre Eifersucht sein, es musste mehr dahinterstecken.

Das Gefühl, die erste große Niederlage in seinem Leben bewältigen zu müssen, trieb ihm fast die Tränen in die Augen. Da musste er nun fünfzig Jahre und älter werden, um das zu erfahren, was oft sein eingefahrenes Wohlleben störte, der flüchtige, aber niemals zu beseitigende Gedanke, dass es doch nicht immer so weitergehen könne wie bisher. Einmal musste sich das Blatt wenden, ein Abgrund sichtbar werden. Das Schicksal lässt keinen Menschen unüberwacht auf der Sonnenseite des Daseins spazieren, es schlägt plötzlich zu, hinterlistig und ohne Warnung und stürzt sie, die Kreatur, ins Dunkle, ins Schattenreich.

Nun hatte es ihn erwischt, auf verzeihlichen Abwegen eigentlich wurde er jämmerlich KO geschlagen und mit einer schmerzenden Klarheit wurde ihm bewusst, dass er sich von diesem Niederschlag nie mehr ganz erholen würde.

Diese Erkenntnis ließ ihn frösteln. Er stierte ins Leere, bemerkte nicht die fröhlichen Jungen, die bei dem schönen Maiwetter auf der Brücke herumkletterten und sich mit Freudenschreien ins Wasser stürzten. Er sah nicht die munteren Kleinfamilien am Strand, die pädagogisch sanften Alleinerziehenden, die zum ersten Mal in diesem Jahr die bei Aldi gefüllten Picknickkoffer öffneten, bemerkte nicht die jungen Mädchen (wahrscheinlich arbeitslos), die in äußerst sparsamen (weil wahrscheinlich arbeitslos) Bikinis am Strande, als auch am Rande der Brücke posierten und natürlich männliche Bewunderer fanden, die vermutlich auch keiner geregelten Arbeit nachgehen konnten. Irgendwie passte das doch. Da soll noch einer etwas gegen unsere Politiker, Wirtschaftsbonzen und Gewerkschaftsbosse sagen.

Der einsame Mann dagegen war fertig, erledigt, konnte sich nicht mehr am pulsierenden Leben der Mitmenschen erfreuen, sie kotzte ihn an, diese Welt da draußen an der feuchten Ostsee gegenüber vom sündigen Schweden und ihn überkam ein heiliger Zorn, eine fürchterliche Wut, die nach Zerstörung verlangte. Er musste irgendwen, irgendetwas zurechtstutzen.

Es drängte ihn zurück zum Garten, er hatte dort im Schuppen einen Rasenmäher stehen sehen …

»Halten Sie mal an, ach ist das schön!« Lydia veranlasste den Chauffeur rechts an den Straßenrand zu fahren. Sie hatten die Insel Poel bereits erreicht und standen kurz vor einem dieser wenigen malerischen Dörfer. Genauer gesagt: Sie hielten ein paar hundert Meter hinter dem nagelneuen, noch glänzenden Ortseingangsschild, das ist die Sorte amtlicher Visitenkarten, die in den alten Bundesländern inzwischen Patina angesetzt haben und manchmal nicht mehr aussagen wollen, welch vernachlässigtes Dorf sich dahinter verbirgt.

Lydia zückte eine Kamera aus ihrer mittelgroßen Handtasche – eigentlich wollte sie ja damit Robert das Karlchen, den smarten Kapitän, im Halbprofil, in der Sonne, am schnittigen Boot, am Ruder, im Fahrtwind, na lassen wir das …

Hier hatte ein winziger, am Rande mit Algen bewachsener Teich, umrahmt vom dottergelb blühenden Huflattich auf sattgrüner Wiese ihr Entzücken gefunden und musste fotografisch festgehalten werden. Die spärliche Baumgruppe dahinter weigerte sich zu dieser frühen Jahreszeit alle Blätter auszufahren und gestattete den Blick auf ein altes backsteinernes Bauernhaus, das auch mit dem optischen Zeichen der Wende, einem neuen Ziegeldach, adrett geschmückt war. Lydia hatte das verpatzte Date fast vergessen und gab sich pragmatisch mit der üppigen Natur auf der reizenden Insel voll und ganz zufrieden.

Sie erreichten Timmendorf, das populäre Strandbad. Der Taxifahrer steuerte einen der Parkplätze vor dem Ortseingang an, weigerte sich beharrlich, die großzügig bemessene Parkgebühr zu zahlen und genoss am Ende die Solidarität des sonst sehr pingeligen Parkwächters, auch wohl in Anbetracht der hübschen Fracht, die das Taxi transportierte und die dem Heimatort des Gebühreneinnehmers die hohe Ehre eines Besuches geben wollte.

»Kommen Sie«, forderte Lydia den überraschten Fahrer

auf, »seien Sie mein Begleiter, zeigen Sie mir den Hafen, den Strand und das Ganze hier, Sie kennen sich doch bestimmt aus.«

»Nee, ik weit nich, dat geit wohl nich, so ’ne elegante Dom un ik, de Fohrer …«

»Na, hören Sie mal«, entgegnete Lydia gespielt empört, »ich muss mich doch wohl nicht bei der Taxibrüderschaft beschweren.«

Sie reichte dem Fahrer die Hand und versuchte ihn von seinem Sitz zu ziehen. »Ich heiße Lydia und wie heißen Sie?«

»Ik heet Korl – Karl meine ich.«

Halb zog sie ihn, halb sank er hin. Welcher Mann konnte sich schon einem Wunsche Lydias widersetzen? Schüchtern lächelnd ließ sich der Mann aus dem Auto räumen und hörte außerhalb des Fahrzeuges gar nicht auf zu wachsen. Sprachlos schaute sie zu ihm auf. »Junge, Junge«, raunte sie, als sie wieder Worte fand, »da haben Sie sich im Wagen aber schön verkrümelt. Wie groß sind Sie denn?«

»Es waren einmal zwei Meter und zwei Zentimeter, aber nun bin ich alt und morsch, wird schon etwas abgebröckelt sein.«

»Da muss ich jetzt aber ein Kompliment loswerden, mein Herr. Sie sind ein Bild von Mann, aber ein Karlchen sind Sie auch nicht!« Sie hakte sich bei ihm unter und zog in Richtung Hafen, gab ihm keine Gelegenheit sich über ein »Karlchen« Gedanken zu machen.

Lautes Fluchen störte die friedliche Idylle am Weg Nummer fünf im Kleingarten. Es drang aus dem Holzschuppen der Parzelle des Pächters Theo, der glücklicherweise den ungewöhnlichen Krach aus dem weit entfernten Lande der Ossis nicht mitbekam. Plötzlich flog die Schuppentür auf und schlug donnernd gegen die Bretterwand, wahrscheinlich aus dem Inneren der Bude von einem sanften Fußtritt angeregt und ein betagter Rasenmäher segelte im hohen Bogen durch die Luft, stürzte jedoch wegen widriger Turbulenzen auf Höhe des mit Platten belegten Weges ab. Im kurzen Abstand folgte ein zweiter. Der allerdings hielt dieser groben Behandlung nicht stand und zerlegte sich beim Aufprall in mindestens fünf Einzelteile, die sich darauf still in den sorgsam gepflegten Gemüsebeeten beiderseits des Weges zur Ruhe betteten.

Daraufhin schob sich vorsichtig die Rückfront eines Mannes in gebückter Haltung aus der Tür. Die Arme des nach Sollerfüllung strebenden Neo-Werktätigen umklammerten einen dritten Rasenmäher, der weniger antiquiert als seine Vorgänger ausschaute und wahrscheinlich auch nicht älter als 20 Jahre war. Offensichtlich schien das der letzte der grasfressenden Mohikaner gewesen zu sein, denn der wütende Häuptling vom Stamme der mähenden Raser übte sich in einer bisher nicht gezeigten Nachsicht. Sorgsam wurde das Gerät auf den Boden gestellt, eine staubige Kabeltrommel abgerollt, der elektrische Anschluss hergestellt und in erwartungsvoller Haltung drückte der Wessi auf den Anlasser, aber es tat sich nichts. Lediglich aus einem der Nachbargärten tönte das überlegene Knattern eines auch steinefressenden Motormähers. Das musste Neid erzeugen.

»Es sind die verdammten Kondensatoren, immer sind es diese billigen Bauteile, die nicht funktionieren. Wann entschließt sich mal ein Anwalt als anständiger Ingenieur tätig zu werden, damit zuverlässig konstruiert, damit dieses Theater endlich aufhört!« Kopfschüttelnd beugte sich Alexander über den faulen Rasenmäher. Wie einige seiner Berufskollegen vertrat er die unbescheidene Auffassung, dass ein Jurist zu allem fähig sein muss und natürlich auch alles besser kann. Das war hier und jetzt unter Beweis zu stellen, mindestens durch eine erfolgreiche Reparatur des widerspenstigen Gerätes.

Mehr als zufällig blickte er an sich hinunter, also auf seine leider bereits stark in Anspruch genommene Arbeitskleidung, die er justament trug und das war die einzige gute Anzugshose und darüber das seidenglänzende Oberhemd, ein Geschenk von L…

Sie standen unter dem geschniegelten und frisch gestrichenen Leuchtturm von Timmendorf, der Taxifahrer und sein anhänglicher Fahrgast. Die spendable Sonne bestrahlte die maritime Einrichtung, die im frischen Weiß leuchtenden Gebäude, die wenigen Boote und Jachten im Hafen und natürlich auch das geometrisch ungleiche Paar, das einerseits die frische, leicht erwärmte Luft in ruhigen Zügen in die tiefer liegende Lunge sog und andererseits begeistert das postkartenschöne Ambiente genoss.

»Ach, ist das herrlich und der Blick aufs Meer – hier könnte ich ewig bleiben.«

»Ja, unsere Insel kann sich sehen lassen, sie ist unser Gesundbrunnen. Wir Wismaraner kommen gerne hierher und wir freuen uns jeden Sommer wieder aufs Neue darüber, dass uns die leidige Touristenepidemie noch nicht erwischt hat.«

Karl hatte seine Hand über die Augen gelegt und schaute über die Hafenmauer hinaus in die offene See. Er registrierte die wenigen Sportboote vor sich im Hafen mit Genugtuung, er zählte die weißen Punkte da draußen und schien zufrieden zu sein.

»Mögen Sie keine Touristen? Fühlen Sie sich von denen gestört?«

»Entschuldigen Sie, da habe ich mich vielleicht nicht klar genug ausgedrückt. Wir alle mögen die Badegäste. Familien mit ihren Kinder, die da drüben am Strand«, er wies mit seinem langen Arm nach Steuerbord, »einen herrlichen Spaß und viel Freude haben können, wir«, er zögerte ein wenig, schien nach den richtigen Worten zu suchen, »wir ärgern uns über die diejenigen, die mit ihren protzigen Segel- und Motorjachten in den Hafen einlaufen, den dicken Larry markieren und letztlich Menschen und Preise versauen. Und damit meine ich gar nicht einmal die aus dem Westen, sondern die ehemaligen Genossen der sozialistischen Staaten, besonders die der DDR, die zu Geld gekommen sind und uns unsere Zweitklassigkeit spüren lassen.«

Lydia hatte schweigend zugehört, konnte ihrem Führer nur zustimmen. Sie hatte auch so einen kennengelernt. Einen mit einem dicken Boot, das vielleicht vor ihnen da im Hafen lag. Das möglicherweise aber auch zu den schwimmenden Punkten da draußen gehören konnte. Worin sich gerade in diesem Moment ein liebestoller Kapitän über junges, frisches Fleisch hermachen würde, was es auf hoher See ja nicht gibt – etwas anderes kam für den sauberen Kerl sicher gar nicht infrage. Empört warf sie den Kopf zur Seite, weg von diesem scheußlichen Anblick der lustverseuchten Freizeitboote.

»Lieber Herr Karl, das kann ich verstehen, aber nun habe ich Hunger, nicht auf ein gebratenes Salzwiesenlamm aus dieser Region, was bei uns in Rheinland ohne Bedauern angeboten und selbstverständlich auch verzehrt wird, sondern auf ein schönes Stückchen Kuchen und ein großes Kännchen Kaffee. Ich habe nämlich da drüben links ein Café mit einer Dachterrasse entdeckt. Sicher können wir dort auf die See gucken. Darf ich Sie dazu einladen?«

»Ik weit nich, ik weit nich, so ’ne hübsche junge Fro un ik oller Fischersmann. Wat de Lüüd woll dor tau seggt?«

»Was, Sie waren einmal Fischer, hier auf der Ostsee? Immer im Ölzeug und hohen Schaftstiefeln, den Südwester tief in die Stirn gezogen und den ganzen Tag draußen auf dem schwankenden Kahn mit den gefangenen Fischen und viel Sturm um sich herum? Davon müssen Sie mir jetzt erzählen.«

Erwartungsvoll zog Lydia den sich höflich sträubenden, aber am Ende abwehrlosen Taxifahrer ins lockende Kuchenparadies.

GESTÄNDNISSE

Es war Spätnachmittag geworden. Die untergehende Sonne warf ihre letzten Strahlen über die hohen Bäume in die Gärten des Vereins. Lydia hatte sich von ihrem Fahrer, dem freundlichen Herrn Karl, verabschiedet und beide bedauerten, dass der schöne Tag so schnell vergangen war. Gut gelaunt näherte sich die Dame ihrem angemieteten Gartendomizil und registrierte einen Höllenlärm, der von einem Rasenmäher zu kommen schien, mit dem vermutlich schon ihre Urahnen die Böschungen des Neandertals abgehobelt hatten. Soviel verstand sie immerhin von Gartengeräten.

Ein höllisches Scheppern, ein Geräusch, das jeder kennt, der plötzlich auftretende Maulwurfhügel im Rasen mittels Mäher glattbügelt, erklang und nach einem kurzen Moment metallischen Röchelns erstarb auch das infernalische Geheule.

Mit sehr jugendlichem Schwung warf Lydia das Gartentörchen auf und – blieb verwundert stehen. Eine Art männliche Vogelscheuche machte sich mit dem bereits registrierten Lärmwunder auf dem Rasenstück ihrer Gastparzelle zu schaffen. Es war nicht der freundliche Rentner, der unentbehrliche Betreuer der fruchtbaren Beete, der da jetzt mit aller Kraft versuchte, das historische Grasschneidegerät aus einem gerade eben schwer verwundeten Spargelbeet zu ziehen, in das es aus Versehen geraten war, – es war ihr Alexander.

Doch wie der aussah! An den Füßen trug er Holzpantinen, vermutlich aus viertem Fuß. Dann folgten, in der Aufzählung von unten nach oben, die dunkelblauen Socken, die eleganten mit den eingewirkten silbernen Elastanfäden, die er eigentlich nur zum dunklen Anzug trug. Sich den Socken anschließend erschienen an deren Bund zwei schneeweiße spindeldürre Beine, die Lydia doch sehr, sehr fremd vorkamen. Solch dünne Beine hatte der Kerl, das war ihr noch nicht aufgefallen. Und die Waden erst, die hatten ja ein Profil wie angeklebte Eier. Sehen so Liebhaber aus?

Was dem Mann dann weiter oberhalb der Hüften am Körper klebte, war nicht auszumachen, aber der Kittel, den er trug, der musste noch aus dem Atelier von Caspar David Friedrich stammen …

Lydia krümmte sich vor Lachen. Hopste von einem Bein auf das andere. Das konnte nun wirklich nicht gut gehen mit den italienischen Pfennigabsätzen im mecklenburgischen Kleiboden. Eigentlich auch eine unverschämte Lache nach einem gerade vollzogenen – Ehebruch konnte man ja nicht sagen –, aber mindestens Betrugsabsicht mit Ansage, die sie dem in ehrbarer Arbeit verstrickten Geliebten antat.

Der strafte sie folgerichtig mit Missachtung, tat so, als wähne er sie nach wie vor auf einem schaukelnden Lustboot inmitten der Wismarer Bucht, tätschelte dagegen den malträtierten Rasenmäher und fragte ihn metallisch, ob denn der von ihm höchstpersönlich eingebaute Ersatzkondensator auch gut täte.

Doch dem Mäher blieb eine Antwort versagt, denn im gleichen Moment ertönte vom Gartentörchen her ein wehleidiger Schmerzenslaut. Die vorher noch widerlich wiehernde Dame war wegen der komplizierten Standesverhältnisse zu Boden gegangen und hielt den linken Fuß umklammert. Der schöne Schuh steckte noch im Boden. Sofort kniete Alexander neben ihr. Sie hatte Tränen in den Augen.

»Daddy, ich glaube, ich habe mir den Fuß gebrochen, mindestens aber den Knöchel gespalten oder alle Sehnen gerissen.«

»Sanitäter! Wir müssen amputieren!« Mitleidlos wie ein Militärarzt im Feldlazarett brüllte Alexander eine nicht vorhandene Assistenz herbei. Da hätte nur der Rasenmäher helfen können, der besaß Erfahrung. Doch der rührte sich nicht.

»Ich kann aber doch nicht auftreten«, jammerte sie hilflos und umklammerte seinen Hals. Liebevoll trug er sie ins Haus. Lagerte sie auf der Couch ab, befreite sie von der unfallsicheren Strumpfhose, der wirklich nichts passiert war, und besah sich das Malheur. Gebrochen war wohl nichts. Die Schwerverletzte konnte alle Zehen als auch den Fuß hin und her bewegen, jedoch nur unter leichtem Stöhnen und das bei zusammengebissenen Zähnen.

Das Gelenk schwoll an und schien bereits leicht verfärbt. »Eine Verstauchung oder Bänderdehnung«, diagnostizierte er. »Den Fuß werden wir jetzt schön kühlen«, schob er seine Therapie nach und drohte mit erhobenem Finger, »und du bleibst hier still liegen und bewegst dich nicht!«

Später saßen sie bei Kerzenschein, das heißt, er saß, während sie lag; sehr romantisch das Ganze, nicht unbedingt inszeniert. Der abends obligatorisch einsetzende Regen hatte den draußen vergessenen und ungeschützten Rasenmäher – wegen des neuen Kondensators eben – ungewollt unter Wasser gesetzt, einen Kurzschluss verursacht und damit die Hütte stromlos gemacht. Da keiner wusste, wo die Sicherung saß und jede Menge Kerzen herumlagen, behalf man sich damit.

»Willst du gar nicht wissen, wo ich heute war?«, fragte sie ungeduldig. »Kann's mir schon denken, in Timmendorf«, brummelte er zurück.

»Ja, aber nicht so, wie du denkst«, sprach sie und war insgeheim froh, dass sie vom tatsächlich Erlebten erzählen durfte und nicht vom Erhofften. »Ich kann dir auch die Taxi-Nummer angeben und den Namen des Fahrers sagen«, schloss sie ihren Bericht.

»Will ich gar nicht wissen«, gab er knapp zur Antwort und bekundete in seiner Mimik einfach nur Desinteresse.

»Aber ihr Juristen wollt doch immer Beweise.«

Alexander ging nicht darauf ein, vielmehr interessierte ihn die Frage, wie ihr zumute gewesen sei, als klar wurde, dass der flotte Robert sie versetzt hatte.

»Ich habe mich geärgert.«

»Mehr nicht?«

»Nein, mehr nicht!«

»Kein tiefes Bedauern wegen des ausbleibenden erotischen Fahrtwindes auf dem schnittigen Boot und des vibrierenden männlichen Motorengeräusches von fünfhundert PS in der unteren Anatomie? Keine Tränen?«

»Nein, verdammt noch einmal! Aua, du sollst das Gelenk kühlen und mir nicht den Fuß endgültig abreißen. Der hängt ohnehin nur noch an einem seidenen Faden, das merke ich doch.«

»Kind, du hast Nerven. Gestern noch hing dein ganzes Glück von diesem, sagen wir einmal obskuren Wasser-Date ab, dann erscheint der saubere Galan mal eben nicht und alles ist total normal?«

»Ist halt ins Wasser gefallen der Ausflug mit Robert. So etwas kommt vor. Darüber darf eine Frau in meinem Alter sich nicht mehr aufregen. Verursacht nur Falten …«

»Lydia, du hast mit dem Feuer gespielt, nicht nur mit dem Wasser. Ich werde nahezu wahnsinnig, fast hätte ich mich von der neuen Seebrücke in Wendorf gestürzt.«

»Du übertreibst!«

»Auf dem Geländer habe ich schon gesta… – gesessen!«

»Und warum bist du nicht gesprungen?«

»Es hätte sich nicht gelohnt.«

»Klar doch, wegen einer Frau bringt ein Mann sich nicht um.«

»Das Wasser war nicht tief genug.«

»Du hast wirklich Glück, dass ich hier schwer verletzt und bewegungsunfähig herumliege, woran du ebenfalls nicht schuldlos bist, direkt gemeingefährlich sich in einem solchen Aufzug der Öffentlichkeit preiszugeben. – Peter, man sollte dir den Kopf ordentlich zurechtstutzen, so etwas von unberechtigter Eifersucht …« Lydia, zudem in einer unbequemen körperlichen Position auf der viel zu harten Ausziehcouch, hörte mitten im Satz auf. Zum zweiten Mal an diesem Tag kroch Ärger in ihr hoch und alles wegen der Männer, außerdem tat das Fußgelenk fürchterlich weh.

»Es hat schon eine andere Dame versucht, mich auf den rechten Weg zu bringen«, versuchte Peter/Alexander ihre Stimmung ein wenig aufzubessern.

»Eine andere? Na klar doch, der Herr muss sich trösten, wurde ja glatt ein paar Stunden allein gelassen.« Lydias Ärger blieb anhänglich, man merkte es an ihrem Tonfall.

»Ich habe Billie getroffen, du weißt doch, die junge Dame auf Seite sechsundsechzig aus Herrn Tucholskys schöner

Geschichte. Im Supermarkt an der Kasse stand sie hinter mir ...«

»Wenn Weiber in der Nähe sind, dann wachsen dem Kerl sogar hinten Augen ...«

»Lydia, ich war ganz schön durcheinander – deinetwegen! Zwischen all den Regalen mit Süßigkeiten musste ich an ein Boot in der Wismarer Bucht denken, an ein Boot mit einer äußerst engen Kabine, wo all die Gerätschaften für die amourösen Betätigungen in handlicher Nähe, in zierlichen Schubladen aus Mahagoniholz verborgen sind, wo sich die weiche Lederpolsterung ruckzuck in eine Liegelandschaft verwandeln kann, zwischen den Luxusregalen – liegst du gut, soll ich dir das gehäkelte Kissen noch etwas zurechtrücken? Ja, und da muss ich mich wohl ein wenig auffällig benommen haben. Jedenfalls hat sie mich dann an der Kasse angesprochen. Eine junge Dame, sehr hübsch, sie glich eben der lieben Billie, jedenfalls in meinen Vorstellungen. Das bezaubernde Wesen hatte mir an der bleichen Nasenspitze angesehen, dass ich mich an einem Abgrund tiefsten seelischen Notstandes befand, sehr sensibel, die junge Frau und so aufmerksam ...«

»Ich schätze, deine Billie ist Krankenschwester oder Diätassistentin in der Männerabteilung der Psychiatrie, wo die Patienten alle so einen gehaltvollen irren Blick ...«

»Billie ist Rechtsanwältin.«

»Hätte ich mir doch denken können, ohne einen akademischen Grad tut es dieser Mann einfach nicht. Na und, wie ging's weiter? Einladung ganz zwanglos zu einem Kännchen Schokolade in einem intimen Café. Man schildert seine Probleme. Hält sich die Händchen. Die Dame ist ja so verständnisvoll. Sie leidet zudem noch unter einem schlimmen Vaterkomplex und steht unheimlich auf ältere Herren …«

»Wir hatten Cappuccino.«

Irgendwie war es nicht Lydias Tag, was ohne Zweifel an diesem miesen Seemann lag. Wenn der nicht in der Frühe … Nun vegetierte sie sozusagen vom Schicksal gefesselt auf diesem billigen, astlochreichen schwedischen Möbelstück dahin, in einer armseligen Hütte am Rande der Zivilisation und musste sich möglicherweise auch noch einer komplizierten Operation unterziehen, landete mit hoher Wahrscheinlichkeit in einem teuren Küsten-Sanatorium, aber nicht für eine Jungbrunnen-Prophylaxe, sondern in einem, dass die Patienten vorsichtig, von geschulten Psychologen begleitet, auf ein lebenslanges Sitzen im Rollstuhl einstellte, was zweifellos ihrem Alexander anzulasten war. Dennoch: Im Kummer muss man Größe zeigen. »Du kannst dich doch wieder mit ihr treffen, ich komme hier schon zurecht. Vielleicht finde ich noch eine Gehhilfe oder einen alten Handstock. Du hast ja auch einen brauchbaren Rasenmäher aufgetrieben …«

»Ich weiß nicht, wie sie heißt, und habe sie nicht nach der Adresse gefragt.« Alexander überhörte unsensibel, wie Männer so sind, Lydias melodramatische Einlassung.

»Oh, mein Herr, Sie werden nachlässig! Ich kann mich noch sehr gut an unsere erste Begrüßung erinnern: Als du meine Hand nach drei Sekunden losgelassen hattest, kanntest du bereits alle meine intimsten Daten einschließlich Geburtsurkunde.«

»Höre bitte auf zu lästern. Ich stand noch unter dem Schock, den du mir verpasst hattest, und war keineswegs auf Abenteuer aus. Natürlich habe ich mich vorgestellt. Ich war nur zu sehr in unserem Gripsholm-Spiel verfangen und nannte mich Alexander. Claudia, so heißt sie wahrscheinlich, hat den Schwindel sofort erkannt und sich mit ›Claudia Claudius‹ zu erkennen gegeben, was selbstverständlich auch geflunkert war, liegt doch auf der Hand. Ach du liebe Zeit, da fällt mir ein, ich habe sie auch noch die Zeche bezahlen lassen, bin Hals über Kopf getürmt. Das ist mir auch noch nicht passiert.«

In seltener Erregung sprang er auf und schlug sich die flache Hand vor die Stirn. Kopfschüttelnd setzte er sich wieder, rückte mit dem Stuhl näher an Lydia heran, die auf der harten Kiefernholzcouch lag – elegant wie die gemalte Maja von Francisco Goya, so meinte die Liegende jedenfalls. Dabei tat ihr inzwischen nicht nur der Fuß, sondern auch noch der Hintern weh. Doch sie schwieg. Warum pochte ihr Herz plötzlich so laut? Eine Schuld meldete sich, da gab es ein Gewissen, das nicht ruhig bleiben wollte.

Die Notbeleuchtung der Kerzen auf dem Tisch und auf der Anrichte neben Lydias Haupt auf dem Häkelkissen tauchten die Gesichter der beiden in ein romantisches Licht. In Lydias großen dunklen Augen schob sich ein überirdischer Glanz. Es konnten Tränen sein. Zwei Sterne blickten Alexander an, der unbewusst vom Stuhl glitt und vor der Couch kniete. Er schob seinen Kopf in die Kissen und spürte ihre Hand an seiner Wange.

»Lydia, ich hatte heute wahnsinnige Angst, dich zu verlieren. Mir ist an diesem Tage klar geworden, dass ich dich unendlich liebe. Ich glaubte, dir eine Bewährungsprobe aufzuerlegen, als ich mich weigerte mitzufahren. Tatsächlich setzte *ich* mich einer höllische Prüfung aus, die ich kein zweites Mal erleben möchte. Lydia, ich weiß jetzt, es geht nicht ohne dich.«

»Das sind große Worte auf einer kleinen Reise, Alexander, mein liebster Peter. Sie tun mir gut. Ich allerdings muss mich bei dir entschuldigen, ich schäme mich für das, was man – Vertrauen auf die Probe stellen – nennt. Natürlich habe ich das Verhalten des Robert, sein Ausbleiben meine ich, zunächst als eine persönliche Kränkung empfunden, aber dann war ich froh, dass der Ausflug so endete, wie er endete. Ich liebe dich, Peter, auch auf dem Boot hätte ich das nicht vergessen.«

Er legte seinen Kopf auf ihre Brust, sie fuhr ihm zärtlich mit der Hand über das Haar. Nichts tat mehr weh.

UNTER BEOBACHTUNG

Natürlich war man bei einem Arzt, privat selbstverständlich. Eine eventuell eingeschaltete Krankenkasse hätte möglicherweise peinliche Rückfragen stellen können. Der freundliche Doktor fand, wobei man ihm wirklich Gründlichkeit bescheinigen musste, beim besten Willen keinen abgebrochenen Fuß und auch die Sehnen befanden sich noch an den Stellen, wo sie der liebe Gott einst platziert hatte. Der Mediziner diagnostizierte allenfalls eine Zerrung, die man mit Ruhehaltung und ein paar preiswerten Mitteln in wenigen Tagen auskurieren könne, mit ähnlichen Begriffen und Worten im Ohr verließen die zwei völlig aus dem Plan geworfenen Touristen die Praxis. Ein Rollstuhl schien gemäß dieser Diagnose ebenfalls nicht notwendig zu sein.

Am Abend humpelten sie in das Vereinslokal. Sie brauchten Abwechslung. Fürsorglich umhegte Fritz, der Wirt, die leidende Lydia. Da zeigte sich plötzlich der harte Agentenjäger von einer ungewöhnlich sozialen Seite. Er fütterte eine harte Sitzbank mit Decken und Kissen aus, sodass sich die »Schwerverletzte« darauf lagern konnte. Der malträtierte Fuß mit der blendend weißen Bandage wurde noch ein wenig höher gelegt und ragte somit wie ein Leuchtturm über das spärliche Gestühl der schlichten aber gemütlichen Kneipe.

Es war Freitag und somit Familientag. So saßen nicht nur die fleißigen Kleingärtner beim abendlichen Bier, sondern auch deren liebe Ehefrauen unterzogen sich solidarisch dieser Räucher- und Kneippkur. In den Gärten war zwar viel Frühlingsarbeit angesagt, aber die jährlich wiederkehrenden Probleme dieser Tätigkeit bildeten nicht unbedingt das Thema des Abends. Das aufkommende Dirnenunwesen heizte die Gemüter ein. Die Frau des Vereinsvorsitzenden persönlich sollte ja unter dem Einsatz ihres Lebens die Besetzung ihres Kleingartengeländes durch eine Schar von gemein pöbelnden Prostituierten erfolgreich verhindert haben. Leider konnte man sie dazu selbst nicht befragen und sich bedanken, weil Herr und Frau Vorsitzender sich niemals vor Ort, das heißt, im Vereinsheim sehen ließen. Die Herrschaften »von da oben« besaßen eben Niveau, verstand man ja. Dennoch wurde das mutige Eingreifen der ersten Dame des Vereins ausgiebig diskutiert und die mündliche Überlieferung der heroischen Tat mit schmückendem Beiwerk versehen. Was man nicht in Erfahrung bringen konnte, wurde frei interpretiert. Leider hatte noch keine der hitzig Diskutierenden eine wirklich lebendige Prostituierte – auch im weitesten Umkreis des Kleingartengeländes nicht – bis zu diesem Zeitpunkt zu Gesicht bekommen, so war der Fantasie der Beschreibung dieser Figuren einer dienstleistenden Gilde keine Grenzen gesetzt. Manch prüfender Blick der Gartenfrauen streifte die sich an der Theke drängelnden Ehemänner. Vielleicht hingen manche von ihren Kerlen längst an heimtückisch ausgelegten Angelhaken dieser amoralischen Grünlilien. Die demonstrative Ignoranz der Thekensteher zu dem doch wichtigsten Tagesthema machten sie schon sehr verdächtig.

Ganz anders der Fritz, der tat natürlich ebenfalls so, als ginge ihn das Theater nichts an, dennoch sperrte er seine Horchlöffel gehörig weit auf. Er und nur er allein konnte sich einen Reim auf die neuerlichen Vorgänge in seinem Revier machen. Hatte er nicht kürzlich ein verdächtiges Paar observiert, das einem Pferdchen nebst Zuhälter äußerst ähnlich sah, in Arbeitskleidung sozusagen? Prüfend schaute er zur Bank hinüber, wo Lydia vergnügt mit einer jungen Frau palaverte, ohne Assistenz ihres ominösen Partners, der direkt ihm gegenüber auf der anderen Seite der Theke mit einem Vereinsmitglied im Gespräch vertieft war und über die äußerst bescheidene Qualität von Rasenmähern meckerte.

Nun wusste Fritz aus Erfahrung und anderen Zeiten, dass sich die imperialistischen Feinde in den raffiniertesten Masken ihren arglosen Opfern näherten, doch bei diesen beiden war er sich nicht sicher. Entweder hatten die USA eine ganz neue Generation von Agenten geformt und diese zwei der Sorte aus Düsseldorf gehörten zur Topliga oder …

Tatsächlich konnte man nur noch im Rotlicht-Gewerbe richtig Geld machen, das war ihm inzwischen auch zu Ohren gekommen. Mit Rücksicht auf eben »seinen« sittlich einwandfreien Kleingarten hatte er jedoch von weiteren Überlegungen dieser Art Abstand genommen. Dumm gelaufen! Da kommen nun geschniegelte Wessis daher und mischen die Branche im behäbigen Mecklenburg mal so kräftig auf, nehmen den ehrbaren einheimischen Geschäftstreibenden die Butter vom ohnehin bescheidenen Brot.

Aber diese Lydia und ihr Alexander, so jung waren sie nun auch nicht mehr! Wenn er sich allerdings den »Markt«, sein kleingärtnerisches Umfeld besah? Die hatten auch alle ihre Jahre auf dem Buckel. Und welcher Sechzigjährige wird mit einer ausgebufften Achtzehnjährigen fertig? Da sucht sich jeder gerne etwas Älteres, Erfahrenes, so etwas wie …

Und sein erprobter analytischer Blick wollte Lydia noch einmal abschätzen, doch er blieb an Alexander hängen.

›Unsere Frauen –, verdammt noch einmal, unsere Frauen –‹, dachte er, ›die könnten bei einem solchen Kerl tatsächlich auf dumme Gedanken kommen.‹ Nachdenklich widmete er sich seinen Gläsern, die gespült und wieder gefüllt werden wollten. Gutes Geschäft an dem Freitagabend. Doch er ging seinem Beruf nur nachlässig nach, was sich bei seinen Kunden bemerkbar machte. Sie murrten. Es kümmerte ihn wenig. Es gab Wichtigeres!

Selbstverständlich hatte er – vor Tagen schon – versucht den Theo anzurufen, doch der war mit Studenten auf Studienreise und Margarethe (mit – th, darauf legte sie großen Wert), Theos Gattin, wurde verdammt hellhörig, als sie von einer vorübergehenden Vermietung ihres Gartenhauses hörte. Unangenehm das Ganze. Theo wird ihm ganz schön die Ohren lang ziehen.

Sein Blick wanderte wieder zwischen Lydia und Alexander hin und her. Nee, so wie die sich hier benahmen und wie sie von den Mitgliedern herzlich in Beschlag genommen wurden; die lebten bestimmt nicht von Einkünften der leichten Art. Hat man überhaupt schon einmal gehört, dass sich ein Zuhälter mit Rasenmähern auskennt? Da schien seine Agententheorie schon stichhaltiger zu sein. So versuchte er nun, verräterische Gesprächsfetzen der Verdächtigen aufzuschnappen.

Wie gut, dass das Paar aus Düsseldorf nicht ahnte, in welchen Verdacht es geraten war und in welche unmoralische Bahnen es die Gedanken der braven Kleingärtner leitete. Dass die beiden nun in Fritzens Kosmos intern wieder zum Agentenpärchen befördert wurden brauchte sie nicht zu stören. War ja auch geheim.

»… Wir warten immer bis Oktober, dann bringt Helmut –

das ist der Große dort an der Theke, der mit der Glatze – dann bringt er mir den Kürbis in die Küche. Wir schlachten ihn, so nennen wir das, hi, hi, hi. Ich schneide das Fleisch in ungefähr zwei Zentimeter große Würfel. Die kommen dann in einen großen Pott, dazu Wasser, Weinessig, Zucker, später dazu eine Zimtstange, ein bisschen Nelken und Ingwer. Muss man aber abschmecken! Solange kochen, bis das Kürbisfleisch weich ist, abkühlen lassen und dann in Marmeladengläser portionsweise ...« Die junge Frau, die die ganze Zeit nicht vom Krankenlager wich, wurde von Lydia im Satz unterbrochen.

»Den ganzen Kürbis in Marmeladengläser?«

»Nein, natürlich nicht, von der anderen Hälfte machen wir ...« Doch auch diesen Satz brachte die Blonde nicht zu Ende, denn eine zweite Dame, grauhaarig, nannte eifrig ihr favorisiertes Kürbisrezept: »Kürbisgemüse, müssen Sie – musst du unbedingt mal probieren, Lydia. Zwiebeln schälen, halbieren, in der Pfanne oder im Topf mit Butter anbraten, Kürbis dazugeben, dann den Tomaten die Haut abziehen, würfeln und ebenfalls in den Topf geben, Fleischbrühe ...«

»Halt, – halt, – halt, das kann ich ja gar nicht alles behalten, Fri-hitz, hast du mal Papier und Kugelschreiber?« Lydia schaute bei diesem Hilferuf dem aufmerksam aber unauffällig zuhörenden Wirt direkt in die Augen, so nah war er seinem Opfer auf die Pelle gerückt.

Widerwillig schlurfte Fritz in die Küche. Er dachte schon wieder; bei diesem Pärchen war das leider nicht zu vermeiden. Und das, was sich in seinem hitzig arbeitenden Hirn zusammenbraute, nahm Konturen an. Wirtschaftsspione! Die horchen uns aus! Man kennt ja das boomende Geschäft mit den Kochbüchern; das Fernsehen präsentiert von morgens bis abends schrecklich grinsende Sonne-, Mond- und Sterneköche mit immer exklusiveren Menüs. Veranstaltungen von Kochwettbewerben im Kaninchenzüchterverein, auf Kreuzfahrtschiffen angesichts von ungenießbaren antarktischen Eisbergen, im Swingerklub nur mit Kochlöffeln bekleidet und in malerischen Bambushütten auf weit entfernten, paradiesischen Inseln im Indischen Ozean. Ein Milliardengeschäft für die amerikanischen Verleger, in deren Händen ja die gesamte deutsche Medienwelt zappelt und seine ahnungslosen Kleingärtnerfrauen verraten ihre besten und wertvollsten Rezepte für nichts und wieder nichts.

Eine dekadente imperialistische Gesellschaft der anderen Seite des großen Teiches und leider auch des eigenen Landes, die Hummer und Kaviar nicht mehr durch den Hals kriegt, verlangte nach Natürlichem, Ursprünglichem, Volkstümlichen und da kommt Mecklenburg-Vorpommern gerade recht! »Aber nicht mit uns, ihr Hübschen«, knurrte er grimmig.

Denken dauert und so kehrte er erst nach einer ganzen Weile zum fröhlichen Damenzirkel zurück, der sich um die liegende Lydia herum gebildet hatte. Man konnte sich der Dame schlecht verweigern. ›Agenten werden fix argwöhnisch‹, überlegte Fritz folgerichtig und händigte Lydia mit einem aufgesetztem Lächeln das Gewünschte aus. Das Grinsen sagte, wenn Lydia es hätte deuten wollen: »Ich habe euch entlarvt. Kürbis ist zwar verloren, aber über Kohl, Kartoffeln, Möhren, Rüben, Sellerie, Erbsen und Bohnen erfahrt ihr nichts, absolut nichts mehr. Dafür wird der liebe Fritz schon sorgen. Unsere Frauen werden euch kein Rezept mehr verraten!«

Lydia allerdings nahm Kugelschreiber und Papier rein mechanisch an, kümmerte sich nicht um seine vielsagende Grimasse, sondern diktierte ihrerseits den Damen: »Kürbis gibt es in Amerika das ganze Jahr hindurch. Ein typisch amerikanisches Rezept lautet: den Kürbis mit Butter zu bestreichen ...«

Da war er doch, der schlüssige Beweis, auf den Fritz so gewartet hatte. Das saubere Pärchen war von den Amis auf sie angesetzt worden; das Spionageziel eindeutig die Gartenkultur, die in der DDR so hoch und rein gehalten wurde. Ausspioniert werden sollte die ehemals sozialistische Esskultur mit ihren hochwertigen Gerichten, die äußerst gesunde und widerstandsfähige Menschen schuf.

REKONVALESZENZ

»Hast du wenigstens eine Versicherung für solche Unglücksfälle abgeschlossen«, fragte Lydia in aller Harmlosigkeit ihren emsig waltenden Alexander, als der die Reste des ausgiebigen Frühstücks entsorgt hatte.

»Selbstverständlich, Liebste, meine Frau höchstpersönlich war so freundlich für die Geliebte ihres Gatten den entsprechenden Vertrag ausfertigen zu lassen, weil ich ja kaum Zeit hatte, verstehst du.«

»Ist ja schon gut, brauch'ste ja nicht die Ironie gleich kübelweise über mich ausgießen. Wer den Schaden hat ...«, maulte Lydia, die schon wieder ganz gut zu Fuß war, dennoch ein wenig Nichtstun herausschinden wollte. Die Tageszeitung hatte sie flüchtig durchgeblättert. Die in Lettern gesetzte Politik des Hauptblattes wollte sie sich nicht antun und mit dem lokalen Rest konnte eine Fremde nichts anfangen. Zufällig fiel ihr Blick auf die aufgeschlagene Anzeigenseite, in der eine Anwaltspraxis um Klienten warb: ›Familien- und Arbeitsrecht, Rechtsanwältin Dr. Claudia Claudius und Partner ...‹, las sie und blätterte schnell um.

Dann doch: »Deine Claudia hat nicht geflunkert. Juristinnen bewegen sich offenbar sehr viel näher an der Wahrheit als ihre männlichen Kollegen ...«

»Ich kenne keine Claudia!«

»Aber den Supermarkt kennst du inzwischen.«

»Ach so, die Claudia meinst du. Die gibt es wirklich? Steht das in der Zeitung? Gib sie mal herüber!« Schon hatte Alexander das mitteilsame Blatt in der Hand.

Lydia ließ ihn suchen. »Politikerin der ersten Seite ist sie nicht, da darfst du schon ein bisschen blättern«, half sie dann doch, als er sich in den aktuellen Schlagzeilen festgelesen hatte.

»Tatsächlich«, bestätigte er verblüfft, »Arbeitsrecht? Da wird sie in dieser Region gut zu tun haben. Mit Familien klappt's wohl weniger, es gibt ja kaum noch welche, jedenfalls produzieren die Mecklenburger keine Kinder mehr, hat sie selber gesagt …«

»Aha, da habt ihr euch bereits über das Kindermachen ausgelassen, du lässt aber auch wirklich nichts anbrennen, mein Lieber. Rufe sie an, wer weiß, wie viel Zeit noch bleibt, das Versäumte nachzuholen. Die Gelegenheit ist äußerst günstig, nachdem du deiner Lydia sämtliche Knochen gebrochen hast und sie gleich einer morschen Pappel gefällt und zerstört am Boden liegt …«

»Pappel, wie kommst du jetzt auf Pappel?«

»Symbolisch meine ich das, du, du …« Lydia fehlten die Worte. Wut und Enttäuschung trieben ihr die Tränen in die Augen. »… Lustmolch!«

»Prinzessin, bitte, setze dich auf meinen Schoß. Pappelholz ist weich, das halte ich aus. Genug des Leidens, hörst du. Claudia bedeutete weniger als ein flüchtiges Intermezzo. Der sanfte Hauch einer Begegnung beim Einkaufen. Ohne eine einzige Berührung. Sie wird sich nicht mehr an mich erinnern, so wie dein Kapitän kaum noch an die lustige Rheinländerin aus Theos Garten denken wird …«

»Da wäre ich nicht ganz so sicher …«

»Ich aber. Wir sind ihm, – du bist ihm zu undurchsichtig, zu flatterhaft, zu römisch, – katholisch möchte ich jetzt nicht sagen. Die Nordlichter haben sich seit Generationen wunderbare Vorurteile erarbeitet, die sie auch weiterhin pflegen werden. Es lebt sich leichter mit ihnen und sie genügen allen Lebensbereichen. Ganz abgesehen davon, dass aus der Sicht des Nordens die Republik viergeteilt ist. Während die anderen Landstriche heute zweigeteilt urteilen: Ost und West, herrscht im Norden die erweiterte Denkart, die zusätzlich mit Nord und Süd besetzt ist. Nord ist man selbst, das ist in Ordnung, aber bei allen anderen ist Vorsicht geboten!«

»Mein lieber Daddy, ich freue mich über deinen wirklich vorurteilsfreien Monolog, aber …«

»Ich meine, nun reicht es, nun sollte es abgeschlossen werden, das Abenteuer, unser Spiel mit Tucholskys Roman. Die Figuren Karlchen, Billie, Frau Anderson, Herr Bengtson, Lydia und Daddy kehren heim in ihr angestammtes Buch, verschwinden wieder zwischen den heute chlorfreien Seiten der letzten Ausgaben. Sie agieren zu plakativ, zu aufgesetzt, zu opportunistisch, meine ich jedenfalls. Der Schriftsteller hat sie ins fiktive Leben gerufen, und zwar für die Leser des Jahres neunzehnhunderteinunddreißig. Sicherlich hat er Erlebtes einfließen lassen. Sein wirtschaftlich denkender Verleger, der Herr Ernst Rowohlt, wollte möglicherweise, dass ein größerer unpolitischer Leserkreis angesprochen wurde. Die Zeit damals quoll über vor Politik, eine braune Brühe, die aus allen Suppenschüsseln schwappte, führte lediglich zum Kotzen, da musste etwas Freundliches, Erotisches her …«

Lydia stimmte ihm im Grunde zu, unterbrach dennoch, sah einige Szenen ihrer gemeinsamen Aufführung völlig anders als der Mann und zog ihre Bilanz: »Nur die Hauptdarsteller zählen, mein Lieber, alles andere fungiert als farbige Kulisse. Austauschbar, die Bühnenbilder und die Jahre. Nur wir Menschen, unsere Charaktere, unser Verhalten, die

Shakespeare'schen Irrungen und Wirrungen, bleiben dieselben. Was spielt es da für eine Rolle, welches Schauspiel, welchen Roman, welche Historie man sich aussucht? Die immerwährende Handlung: Zwei verschiedene Menschen, die sich mehr oder weniger lange kennen, suchen die Erfahrung der unmittelbaren geistigen und körperlichen Nähe in einer beiden fremden Umgebung. Sie sind auf sich allein angewiesen; das Erlebte, die Ansichten und der Einfluss der unbekannten Umwelt, die gegenseitige Behandlung auf Zeit in dieser kurzen, aber vielleicht entscheidenden Phase ihres Lebens bilden die ersehnte Erfahrung, zeichnen letztlich eine langweilige oder spannende Geschichte. Diese erfährt jedoch einen fürchterlichen Verriss, wenn die Protagonisten aus vergangenen Premieren, aus dem Fundus ihres Lebens in zu schweren Kostümen agieren. Kannst du mir noch folgen?«

»Selbstverständlich, meine Liebe!«

»Auch wir sind belastet.«

»Meinst du unser unmoralisches Outfit? Denkst du an einen Harnisch ohne Reißverschluss vorne und an einen stählernen Keuschheitsgürtel, die die Ehepartner in unser Gewissen geschraubt haben? Aber die zwei wissen nichts von uns.« Alexander war sich da ganz sicher.

Ernst entgegnete Lydia: »Hätten wir uns zu diesem Abenteuer gefunden, wenn deine Ehe ganz ganz glücklich gewesen wäre?«

»Du siehst sehr gut aus ...«

»Danke, aber das meine ich nicht. Ihr habt euch doch auseinandergelebt, nicht wahr? Es interessiert dich kaum noch, was deine Frau so treibt, wie sie lebt, wie sie denkt. Familie, ja klar, nach außen hin ist alles in Butter, aber nach innen, in der ehelichen, in eurer innigen Gemeinschaft, da stimmt es doch nicht mehr, das habe ich dir doch gleich an der Nasenspitze an …«

Alexander war still geworden. Lydias Darstellung gefiel ihm nicht, gefiel ihm absolut nicht, er ließ sie nicht unwidersprochen: »Du vermutest zu viel, meine Liebe. Es klappt immer noch ganz gut.«

Lydia ging nicht darauf ein. »Dann will ich dir sagen, was ich noch von meinem Mann habe: Nichts, absolut nichts! Den Körper ja, den präsentiert er hin und wieder, aber sonst gähnt mich nur noch die offizielle familiäre Hülle an. Beruf und nochmals Beruf sowie alles, was im Entferntesten mit Erwerbstätigkeit zu tun hat, besitzt oberste Priorität. Manchmal ins Theater gehen, na gut, doch nur dann, wenn auch irgendein Affe von Klienten oder Kollegen zu treffen ist. Auf weitere Einzelheiten will ich gar nicht eingehen. Ich hatte mir mein Leben, nachdem die Kinder aus dem Gröbsten heraus sind, anders, ganz anders vorgestellt. Das Zusammenleben hängt doch nicht nur von einer gesicherten, von einer vermögenden Existenz ab. Da gibt es doch noch mehr …«

»Ein tolles Leben, wie wir es gerade in täglich neuen Proben erfragen, auf einer Bühne, die dem Holzbau des alten Globe-Theaters in London gleicht. Ein kleines Feuerchen nur, ein Windstoß und die Illusion ist dahin, meinst du das, meine Liebe?«

Alexanders Stimme klang rau, mehr die des Peters. Er wollte das Erlebnis einer neuen Erfahrung nicht wahrnehmen, wehrte sich noch, Lehren zu ziehen. Doch die Realität war nicht länger zu verdrängen, er selbst hatte den Vorhang ihrer kleinen Bühne zugezogen.

Das Stück war aus. Die Schauspieler traten an den Rand der Bühne, standen im Rampenlicht und das ging nicht sehr gnädig mit den beiden um. Es zerrte die verborgenen Geheimnisse, die Lebenslügen, die kleinen und großen Sünden in die gleißende Helligkeit, ließ die schönende Schminke wie Wachs schmelzen. Die Masken tropften herunter und bildeten auf den rissigen Brettern, die die Welt bedeuteten, hässliche Fettflecken.

Lydia, die sich unbewusst wieder auf der Couch niedergelassen hatte, sah Alexander ins Gesicht. Der kleine Raum der Hütte war hell erleuchtet. Die Stille des Gartens hatte sich auch zwischen den Mauern niedergelassen. Keine Schatten konnten verdecken, keine Worte vom Lärm der Welt verschluckt werden, keine Unwahrheiten sich verbergen, um späteren Frieden zu stören.

Die Augen der Frau erschienen groß und klar. Sie hatte die Beine angezogen, die Hände davor verschränkt und ihr Oberkörper beugte sich nach vorne, dem Manne zugewandt, ihre Lippen formulierten und ihr fein geschnittenes Antlitz, die Spannung der ganzen Gestalt bestätigte jedes Wort, das sie sprach:

»Nein, für mich bedeuteten die vergangenen Tage, die wenigen schönen Wochen keine Illusion. Ich befand mich auch nicht in einem Traumgespinst, ich habe gelebt. Und ich weiß jetzt, dass ich so weiterleben will. Diese Reise ist mir kein frivoles Spiel mit spannendem Anfang und banalem Ende. Deine distanzierte Sicht, Peter, tut mir weh.«

Sie schwieg, schaute dabei den Mann unentwegt an. Der starre forschende Blick verwirrte ihn, aber er hielt ihm stand, bis sich zwischen ihnen ein Schleier schlich, der die Konturen verstellte, der Lydia in flimmernden Nebel tauchte. Ein bitteres trauriges Gefühl, er schluckte, unfähig zu sprechen. Wie aus weiter Ferne vernahm er das Bekenntnis der Frau, das einer Anklage glich: »Ich leide wohl unter einem Gebrechen. Immer verliebe ich mich in dieselbe Sorte. Leider gleichst du meinem Mann. Peter, warum? Wir haben doch bewiesen, dass es Liebe gibt, dass uns Gefühle beherrschen, die wir auch zeigen dürfen. Gemeinsam lachen und weinen, uns umarmen. Reden, immer wieder reden, uns aussprechen, auch im Alltag. Warum wollt ihr das nicht, warum könnt ihr das nicht? Es darf doch nicht sein, dieses, das, was ich Leben, was ich Liebe nenne, ohne Zwang auf wenige Momente, auf eine kurze Periode des Daseins zu beschränken. Unsere Zeit verging so schnell. Du bist so still? Was ist mit dir?«

Peter rieb sich die Augen, versuchte die verräterischen Spuren zu tilgen. Gequält erwidert er: »Ich höre dir zu und stelle mit Bestürzung fest, dass ich wie angewurzelt auf diesem Stuhl hocke, dass meine Glieder wie gelähmt an einem abgestorbenen Torso baumeln. Doch es ist keine Scham, es ist eine Art von Wut, die mich wehrlos macht und zu Stein erstarren lässt. Ich kann nicht mehr, als dir meine Liebe zeigen – auf meine Art. Die Zuneigung, die ich für dich empfinde, vermag ich mit Gesten, Berührungen, Blicken und natürlich auch in schönen Momenten mit Worten zu unterstreichen. Leider bin ich nicht in der Lage täglich neu in schmeichlerischen Sätzen den Liebeseid zu beschwören. Ich lebe ihn! Merkst du denn das nicht? Die Liebe ist eine ewige Tat. Treue und Vertrauen sind ihre stillen Garanten. Ich hasse gebetsmühlenartige Beteuerungen, ich werte sie als die Vorboten der Lüge.«

Die letzten Sätzen, laut gesprochen, schwangen durch den Raum, wollten nicht so schnell verhallen, unterstrichen die Eindringlichkeit, mit der der Mann gesprochen hatte. Sie bedeuteten der Frau, dass er sich für unfähig hielt, mehr zu geben. Entweder sie begnügte sich damit oder …

Schweigen im Raum, nur der emsige Ölofen mit seiner verhalten blubbernden Flamme gab sich Mühe für ein knisterndes Kaminfeuer gehalten zu werden. Vielleicht hätte er, wenn er als außergewöhnlicher Wärmespender sprachbegabt gewesen wäre, geäußert, dass Männer und Frauen einfach nicht zusammenpassen, aber auch diese treffende Bemerkung hätte vielleicht Missverständnis hervorrufen können. Also blieb er bei seinem harmlosen Blubbern, was eine richtige Entscheidung war, denn es wirkte beruhigend auf die hitzigen Menschen.

»Nun gut, ich weiß jetzt, dass du keine Gebetsmühlen verwendest, und stelle mit Genugtuung fest, dass auch nicht der feinste Hauch einer Lüge zwischen uns steht, das ist doch etwas, mein Lieber, nicht wahr?«, so ungefähr lautete Lydias entgegenkommendes Angebot.

»Mit oder ohne Sarkasmus?«, brummelte Peter als Antwort, noch längst nicht besänftigt.

»Völlig ohne, bestätigt dir deine bescheiden gewordene Lydia. Komm setz dich zu mir. Ich lege meinen Kopf in deinen Schoß und du streichst mir über das Haar, immer wieder, immer wieder. Du brauchst dabei nicht zu reden. Ich verlange es ja gar nicht, nur ganz nahe bei dir sein, das möchte ich, das brauche ich, jetzt im letzten Kapitel unserer Reiseaufzeichnung und auch später. Verstehst du das, Peter?«

Peter tat wie ihm geheißen. ›Und es ward ihm wohl dabei‹, hätten vielleicht die Brüder Grimm dazu geschrieben. Die beiden Okkupanten der postsozialistischen Hütte eines untergegangenen Paradieses in der realen Zeit des 21. Jahrhunderts, außerhalb jeglichen Verdachtes Personen öffentlicher Märchen zu sein, vergaßen tatsächlich die Zeit, verträumten die Probleme, verdrängten die Umstände, gehörten nur sich selbst. Lediglich Peter registrierte, dass er noch einmal der Alexander zu sein hatte, mindestens für die von Lydia angekündigte letzte Exkursion.

EIN KÖNIGREICH FÜR EIN PFERD

Der Fuß und das Wetter befanden sich auf dem Wege der Besserung. Was weit untertrieben war, denn Lydia hatte die schwere Fußverletzung bereits ad acta gelegt und die strahlende Sonne wollte auch die letzten Winkel Mecklenburgs in subtropische Enklaven verwandeln.

Sie waren hinausgefahren in die Weite, in die bäuerliche Welt der ehemaligen Landwirtschaftlichen Produktionsgenossenschaften, in der Äcker und Wiesen rechtwinklig und geometrisch akkurat zweidimensional wie in eine Panorama-Leinwand eingezeichnet waren. Die dritte Dimension bedeutete der leuchtend blühende Raps, der die Atmosphäre immer noch mit seinem angenehmen Duft schwängerte. Und sie stellten fest, dass Mecklenburg längst nicht das platte, gebügelte Land bedeutete, wo man am Donnerstag schon erkennen konnte, wer einen sonntags besuchen kommen würde, sondern dass weiche, sanfte Hügel, abwechselnd mit hellgrünen Feldern, gelbem Raps oder tannendunklen Wäldern belegt, eine zauberhafte Landschaft darstellen.

An einem einsam liegenden Gehöft stellten sie das Auto ab, nicht ohne vorher bei einem am Rande des fabrikneuen Zaunes beschäftigten Mann um Erlaubnis gefragt zu haben. »Is doch keen Problem, nich wa, wenn Se och wieder zurückfinden, ham wa noch 'nen Kaffee for de Herrschaften inner Cafeteria am Ende vonne Boxen da links«, und er deutete mit dem Arm in den Hof hinein, wo gerade eine Schülerin – stilgerecht in Stiefel und Reithosen gekleidet – eines dieser braunen Tiere mit den langen Beinen mühsam am Zügel zog, denn der Zossen – das edle Reitpferd – hatte offensichtlich ein anderes Ziel im Sinn.

»Besten Dank, junger Mann, wir kommen gerne auf Ihr Angebot zurück«, jubelte Lydia entzückt zurück. Das Wetter war einfach nach guter Laune. »Sie sind aber auch nicht von hier?«, wollte sie noch wissen, weil gute Stimmung immer neugierig macht.

»Hier is keener von hier, wissen Se. Ick bin nu aus Weissensee, Balin wissen Se, aba von die andern weß ick det nich. Der Boss is aus Braunschweig, is'n Pferdebaron!« Dabei nickte der jugendlich wirkende Mann zustimmend, als wolle er die Tatsache bekräftigen und ein wenig Stolz klang mit, auf jeden Fall Zuversicht.

»Es klingt gut, wenn jemand zufrieden ist«, meinte Lydia fröhlich, als sie sich auf die Wanderung machten und den Reiterhof hinter sich gelassen hatten.

»Wenn wir uns nun verlaufen und nicht wieder zurückfinden, darf er dann unser Auto behalten?«, schob sie nach und erzeugte damit bei ihrem Alexander, dem Juristen, einen Anfall von fachlicher Begeisterung, den er ausnahmsweise schweigend meisterte.

Aber er ließ sich anstecken von der Frühlingsstimmung, der guten Laune aller, der lauen Luft, der fabulierenden Lydia, die seine Hand suchte und übermütig schwangen sie die Arme und wanderten wie in Kinderzeiten durch die jubilierende Natur.

Sie folgten einfach dem Weg, den sie mit dem Auto gekommen waren, der nach dem Hof allerdings auf eine neue Asphaltdecke, überhaupt auf jeden Ausbau verzichten musste und ursprünglich im Originalzustand der DDR und wahrscheinlich wie noch zu Preußens Zeiten durch die Mecklenburger Weiten führte. Vermutlich führte er ab dem Hof nicht mehr den Status eines amtlichen Wirtschaftsweges, denn sonst wäre er sicher im Rahmen der Aufbauhilfe Ost beziehungsweise des Infrastrukturplanes weiträumig ausgekoffert, mit einer stabilen Unterlage und einem geräuscharmen Belag versehen worden, um den bio-, öko- und logistischen Belastungen der nächsten tausend Jahre gerecht zu werden.

So lag er da, der Weg, vor den Wanderern in seiner Natürlichkeit. Die Furchen der Wagenspuren vergangener Geschäftigkeit reingewaschen, zum Teil mit Grasbüscheln ausgefüllt, aber auch als einzelne tiefe Kuhlen den kleinsten Wassertierchen Leben und Nahrung bietend. Auf der rechten Seite des Weges, auf einem breiteren Grasstreifen, hatten Pferde ihre frischen Spuren gezogen.

Am bewachsenen Saume zu beiden Seiten des früheren Fahrweges wetteiferten Löwenzahn und Huflattich miteinander, wer die schönsten Blüten im strahlendsten Gelb aufweisen konnte. Alexander bückte sich, pflückte einen fleischigen Stiel mit der krönenden Blüte des Huflattichs ab und schenkte ihn Lydia.

»Wir Kinder wussten damals nicht, wie diese Pflanze heißt, und nannten sie Hundeblume. Unsere erste Botin des Frühlings. Schon im März zeigte sie sich und gab uns die Erlaubnis barfuß zu laufen. Hatten wir uns dann prompt erkältet, half sie uns schon wieder, denn aus den getrockneten Blättern des Vorjahres bereitete Oma einen Tee, den wir dann zwei bis drei Mal täglich mit einem Löffel Honig einnehmen mussten. Der süße Honig darin machte uns wieder gesund, glaubten wir jedenfalls.«

»Ich kann mich noch gut an den Kamillentee der Kindertage erinnern«, erwiderte Lydia, »sieh hier, auf diesem kleinen trockenen Hügel wächst sie auch schon. Wie sie duften, diese kleinen unscheinbaren aber kraftvollen Blüten! Wie alles hier duftet. Lange, lange habe ich diese kleinen Freuden, diese Geschenke der Natur nicht mehr genossen, eigentlich verpasste Gelegenheiten. Schade darum, doch woll'n ma ja nich jammern, wie vielleicht der Berliner sagen würde, erfreuen wir uns heute an diesem schönen Tag.«

Befreit hüpfte die Wanderin von Blume zu Blume, beugte sich von Zeit zu Zeit hinunter, um das Näschen in irgendein Kraut zu stecken und sich an der filigranen Schönheit der sogenannten niedrigen Gewächse zu erfreuen. Sie hatte den kleinen Cityrucksack, den die Dame von Welt heutzutage immer mit sich herumschleppt, ihrem Alexander über die Schulter gehängt, zumal das lederne Behältnis wegen des Proviants ordentlich Gewicht aufwies.

Den Weg begleiteten ein paar hochgewachsene Bäume. Über lange Strecken waren es Weiden- oder Weißdornhecken, aber vielfach gewährten unbewachsene Ränder einen Blick in die Tiefe dieser Landschaft, die hier von Wiesen und Weiden geprägt war.

Die beiden Spaziergänger vergewisserten sich, Pfadfindern gleich, nach Uhr und Stand der Sonne, wo sie sich ungefähr befinden mussten, wechselten zweimal den Weg und die Marschrichtung, um sich nicht zu weit vom Standort des Autos zu entfernen, denn die flapsige Bemerkung des Stallburschen »Wenn Sie auch wieder zurückfinden …« hatte doch ein wenig zu denken gegeben. Die neuen Metallzäune an Weg- und Straßenrändern und die vielfach grasenden Pferde wiesen auf eine intensive Nutzung des Geländes durch den Reitsport oder Pferdezucht hin. Sie unterhielten sich darüber. Es stellte sich heraus, dass keiner der beiden diesem Metier große Begeisterung abgewinnen konnte.

»Als Zwölfjährige zog mich meine Freundin mal mit auf einen Reiterhof, die es ja damals auch schon gab«, erklärte Lydia, »als ich dann aber bei einem langsamen Trapp von dem blöden Pony fiel, hatte die Sache ihren Reiz für mich verloren. Meine Freundin, die nach diesem Sturz keine mehr war, weil sie sich totlachen wollte, als ich da hilflos in den Sägespänen lag, putzte noch jahrelang, ohne eine Gegenleistung zu erfahren, die stinkenden Gäule des gerissenen Bauern; vielleicht waren auch die Gäule gerissen und der Bauer hat gestunken, so genau weiß ich das jetzt nicht mehr.«

»Ich habe mehr Erfahrung mit Kühen«, warf Alexander ein, »die musste ich als Kind auf einem urigen Bauernhof in Niedersachsen hüten. Morgens wurden die Viecher aus dem Stall auf die Weide getrieben und abends wieder zurück. Das war mein Job. Ich weinte vor Wut, wenn die Biester mir abhauten und durch die sommerlichen Kornfelder pesten. Doch niemals ging eine verloren. Später, nach einigen Tagen – Erfahrung lehrt – öffnete ich nur die Stalltür und das Gatter von der Weide. Waren alle Weißbunten beieinander, dann machte ich die Klappe zu. Was die Tiere unterwegs und im Dorf anstellten, interessierte mich kaum. Hatte damals offenbar ein ähnlich dickes Fell wie meine muhenden Anvertrauten. Vermutlich, weil ich noch unschuldig war …«

»Der Mensch wird schuldig mit seiner Geburt, du wusstest vielleicht nur noch nichts von der Erbsünde …«

»Ich war ohne Sünde, wenn auch die Versuchung unmittelbar drohte. Dem Bauern war das Glück gegeben, fünf hübsche Töchter in die pastorale Welt zu setzen und mindestens die drei ältesten hatten ihre schönen Augen auf mich geworfen, bedeutete ich für sie doch der einzig erreichbare Junge und ich glaube, ich war richtig hübsch, besaß das passende Format für eine schwärmerische Mädchenliebe …«

»Davon träumst du heute noch, stimmt's?«

»Ja«, seufzte Alexander aufrichtig, »dann aber kam mein Vater und holte mich wieder nach Hause. Danach fing ich an, Kohlen zu klauen.«

»Eine schwere Jugend mit wahrhaft traumatischen Folgen bis heute«, schluchzte jetzt auch Lydia theatralisch, »komm du Armer, lass uns etwas zu uns nehmen, damit du dein seelisches Gleichgewicht wieder findest in dieser Welt bäuerlicher Tragödien.«

Schweigend setzte sich der Mann auf einen Stapel neuer hölzerner Zaunpfähle, ließ den Rucksack von der Schulter gleiten und reichte ihn seiner Begleiterin. Sein Gesicht schien immer noch verklärt; er konnte sich nicht lösen. »Pechschwarze Haare besaßen sie alle, die Deerns und mit ihren langen Zöpfen kitzelten sie mich im Nacken, meiner empfindlichsten Stelle, das hatten sie sehr schnell heraus …«

»Schwarze Haare – schwarze Kohlen. Eine Assoziation des Unterbewussten. Kann dir jeder Psychologe erklären. Jetzt serviere ich dir einen schwarzen Kaffee aus dieser Thermoskanne und ein mit Schinken belegtes Pumpernickelbrot aus dem schwarzen Westfalen. Geliebtes Herz, was willst du mehr?«

So ganz genau wussten sie dann doch nicht mehr, in welcher geografischen Position sie sich ungefähr befanden, nachdem sie eine Landstraße überquerten und in einem Hohlweg landeten, einem unübersichtlichen Gelände, das überhaupt keine Orientierung mehr bot. Aber das Wetter hielt sich, es war noch nicht sehr spät, so gegen drei Uhr nachmittags und die gute Laune durchflutete die Körper vom Kopf bis in die Zehen.

Lydia sah es zuerst, das Pferd, das ihnen entgegen kam, aufgezäumt und gesattelt, aber ohne Reiter.

»Du, Peter, da kommt ein Pferd auf uns zu, ganz allein, es hat keinen Führer! Es wird auf die Landstraße laufen, dort fahren Autos. Oh, ist das ein großes Pferd, es schnaubt so böse. Hat sicherlich seinen Reiter abgeworfen, dem vielleicht sogar das Genick gebrochen! Was sollen wir machen?«

»Rettet, Mylord von Norfolk, rettet, rettet!
Der König tut mehr Wunder als ein Mensch,
Und trotzt auf Tod und Leben, wer ihm steht;
Ihm fiel sein Pferd, und doch ficht er zu Fuß,
Und späht nach Richmond in des Todes Schlund.
Oh rettet Herr, sonst ist das Feld verloren!
Ein Pferd! Ein Pferd! Mein Königreich für'n Pferd!
Ich setzt' auf einen Wurf mein Leben, Knecht,
Und will der Würfel ungefähr besteh'n.
Ich denk', es sind sechs Richmonds hier im Feld:
Fünf schlug ich schon an seiner Stelle tot.
Ein Pferd! Ein Pferd! Mein Königreich für'n Pferd!« Laut aber eintönig deklamierte Peter Shakespeares Drama ›König Richard der Dritte‹ in den Hohlweg hinein.

Das führerlose Pferd, das sich im freien Trapp näherte, hielt ein, wurde langsamer. Da stand ein Mensch mitten im Hohlweg, hatte die Arme ausgebreitet, sich sozusagen als Sperre aufgebaut und redete in einer Art, die beruhigend auf die unsichere Kreatur wirkte, wahrscheinlich hatte sie englisches Blut in ihren Adern.

Zwei Meter vor Peter blieb das Pferd stehen, seine Flanken zitterten leicht. Es wartete ab. Vorsichtig, aber ohne zu zögern näherte sich Peter dem Flüchtling und erfasste die Zügel, die frei herunterhingen, weil der Reiter offensichtlich unterwegs verloren gegangen war. Das Tier scheute ein wenig zur Seite, was Lydia zu einem Mahnruf veranlasste.

Peter wiederholte seinen klassischen Monolog im ruhigen Ton. Er wusste eben nichts anderes zu einem Pferd zu sagen. Das Tier spielte mit den Ohren, ein Zeichen, dass es zuhörte und vielleicht sogar etwas von Shakespeare kannte. Der mutige Mann ergriff jetzt das Halfter am Kopf des Tieres und streichelte mit der anderen Hand die Flanke. Friede drängte sich zwischen die beiden.

»Mehr habe ich von dem dritten Richard nicht behalten. Ich spielte den Catesby, damals in der Aula am Gymnasium. Der König, Max unser Primus, war zu faul seine Rolle zu lernen. So musste ich, um den Einsatz nicht zu verpassen, quasi seinen Part mit im Kopf haben. Das Pferd ist ja nun da, aber wie es weitergehen soll, hat uns der große Dichter leider nicht übermittelt. Ich denke, wir gehen mit dem Gaul erst einmal bis zur Landstraße zurück. Danach könnten wir mit dem Handy die Polizei anrufen. Irgendwo wird man wohl bald einen Reiter oder – viel wahrscheinlicher – eine Reiterin vermissen. Frauen als schneidige Amazonen haben die einstigen edlen Ritter auf ihren stolzen Rossen in der Anzahl der auf dem Pferderücken verbrachten Stunden längst überflügelt. Es soll sich aufgrund der weiblichen Anatomie ein besonderes erotisches Gefühl einstellen, wenn sie sich auf einem rhythmisch bewegten Sattel platzieren, sagt man ja so. Da kommt mir eine Idee, ein Experiment sozusagen …«

»Glaube bloß nicht, dass ich auf dieses riesige Ungeheuer

klettere und dir einen subjektiven Erfahrungsbericht andiene«, schnaubte Lydia aus sicherer Entfernung. »Ich brauche das auch nicht«, ergänzte sie und das klang irgendwie überzeugend.

»Alexander«.

»Ja?«

»Was denkt das Pferd jetzt wohl? Ist es traurig, weil es den Reiter abgeworfen hat, oder ist es froh, dass dieser ekelhafte Kerl mit der scharfen Peitsche und den stechenden Sporen nun zu Fuß in den Stall zurückkehren muss? Ich kann mir den so richtig vorstellen«, folgerte sie voller gemeiner Fantasie: »Einhundert Kilogramm fettige Lebendmasse, von Beruf Prokurist in einem Im- und Exportladen, Glatze und Vollbart, Hühneraugen unter beiden Füßen; die Ehefrau schickt er in die Volkshochschule, die Kinder, zwei hat er, sind längst ausgeflogen oder studieren zwanzig Semester lang Betriebswirtschaft in Leipzig bei einem durchgeistigten Professor, der als Guru in Indien sein Praktikum machte. Und hier, in der Fremde, wo ihn keiner kennt, wo er jedoch meint, dass die Eingeborenen ihn endlich kennenzulernen haben, da lässt er die Sau raus, da reitet er jedes Pferd zuschanden, frisst den Bauern die Gänse weg, steigt den jungen Mädchen nach. Den aufgemotzten Reiterhof hat er zu seiner Räuberburg erklärt und mit Elektrozäunen gesichert. Ich bin richtig froh. Die Kreatur hat sich gerächt …«

»Madam, nun machen Sie mal halblang. Die Reiterin war eine Frau. Ein Leichtgewicht, Grenzbereich zur Magersucht. Guck mal, das Pferd hat überhaupt nicht geschwitzt, ist nahezu unterfordert worden. Was tut aber solch eine unterentwickelte Frau auf einem so großen Gaul wie diesem? Sie begibt sich in Gefahr. Natürlich eine Emanze, die alles besser weiß, die glaubt, zu großen Kraftleistungen fähig zu sein. Was Männer können, meistern wir erst recht! Entstammt natürlich akademischen Eltern, hat selbstverständlich in England studiert und sitzt im Vorstand einer küstennahen Sparkasse. Hoffentlich ist ihr nichts Schlimmes passiert. Wenn ich mir vorstelle, von diesem Kraftpaket bei vollem Galopp in den Acker geworfen zu werden. Da danke ich sehr.«

Voller Respekt betrachtete er dabei das tadellos gebaute Tier.

Mittlerweilen standen sie nun mit dem Pferd am Arm an der Bundes- oder Landstraße, die sich durchaus nicht zu erkennen gab und der kleinen berittenen Gesellschaft keine Orientierungshilfe bot.

»Wo bist du denn zu Hause?«, fragte Peter das Pferd. Aber das sah ihn nur mit seinen schönen traurigen Augen an und hüllte sich in Schweigen. Es hatte vermutlich an der Situation wenig auszusetzen.

Plötzlich passierte ein weiß-grünes Fahrzeug mit hoher Geschwindigkeit die vor ihnen liegende unübersichtliche Kurve und sauste an dem wartenden Trio vorbei.

»Das war doch ein Polizeiwagen«, rief Lydia aufgeregt.

»Zu spät«, antwortete Alexander, »die haben wohl gerade einen der letzten Treuhandbetrüger gefasst und sichern jetzt in aller Eile die Beweisstücke.«

Völlig falsch und eine bodenlose Unterstellung. Die Beamten hatten trotz der hohen Arbeitsgeschwindigkeit mit ihren geschulten Augen durchaus ein einzelnes Pferd und zwei frei laufende Personen in dem Weg erspäht. Ohne mit seinem

Kollegen auf dem Beifahrersitz eine dienstliche Diskussion über die gemachte Beobachtung anzustrengen, wendete die fahrzeugführende Amtsperson intuitiv und sofort den Wagen, denn die zufällige Observierung wies eindeutig auf ein kriminelles Delikt, mindestens aber auf einen schweren Verstoß hin. Und wann erwischt man schon einmal Verbrecher auf frischer Tat?

Mit hohem Tempo donnerte also das Polizeiauto in die Einmündung und wurde derart geschickt gebremst, dass es quer des Weges zum Stehen kam. Dabei konnte der Kunstfahrer nicht ganz vermeiden, dass ein Vorderrad in den Graben rutschte und die ganze Karre in eine gefährliche Schräglage geriet. Egal: Der Fluchtweg für das verdächtige Paar zur Landstraße hin war jedenfalls blockiert.

Dieses überfallartige, wenn auch dienstlich notwendige Manöver stieß bei dem Gaul auf völliges Unverständnis. Mit einem wüsten Schnauben stieg er hoch und zwang seinen Festhalter zu einem nicht mehr für möglich gehaltenen Hochsprung aus dem Stand heraus. Dennoch ließ der Mann den Zossen nicht los und bändigte ihn schließlich. Bevor nun das ebenfalls überraschte Pärchen eine Beschwerde loswerden beziehungsweise um Hilfe bitten durfte, tönte eine markige sowie amtliche Stimme durch eine geöffnete Tür aus dem sicheren Auto heraus:

»Was führen Sie da mit sich?«

Lydia stach schon wieder der Hafer. In aller Ruhe umkreiste sie Alex und das Tier und beobachtete beide mit strengem Blick. »Das scheint ein Pferd zu sein, Herr Kommissar!«

Preußische Beamte ließen sich in früheren Zeiten nicht ärgern und bestallte Beamte des quasi historischen Nachfolgerstaates stehen erst recht über gemeine Provokationen. In diesem Fall musste man die Geduld der Amtsträger besonders würdigen, denn das Idiom der Dame wies sie eindeutig als Nachkomme einer zweifelhaften rheinischen Nation aus, die durch ihr permanentes feindliches Verhalten gegenüber Berlin beweist, dass sie die geschichtlich erduldete Regentschaft der Preußen immer noch nicht verkraftet hat. Wessis eben.

»Wem gehört das Tier?«

»Wir haben es auch gefragt, aber es hat die Antwort verweigert.« Die Frau konnte das Sticheln nicht lassen.

Ruhe bewahren, sagten sich die zwei Männer, wie es sich eben für Elitebeamten gehört. Sie stammten aus Sachsen, dem Land, das dem Souverän immer die allerbesten Polizisten lieferte. Muss wohl noch von August dem Starken herrühren.

»Demzufolge gehört Ihnen das Pferd nicht«, schloss der Untersuchende messerscharf aus dem sicheren Auto. »Offensichtlich führen Sie das Tier auf diesem abgelegenen Weg heimlich weg von seinem angestammten Platz. Und überhaupt: Warum reiten Sie nicht, das Pferd ist doch gesattelt? Wir bitten um Aufklärung!«

Die Exekutive hatte jetzt die richtige Spur aufgenommen. Man verließ nun doch das schrägliegende Fahrzeug, um in nähere Tuchfühlung zu den Tatverdächtigen zu treten, einer drohenden Flucht der verdächtigen Individuen vorzubeugen.

Es war wieder die Frau, die anfing zu kichern und mit dem Finger auf ihren Komplizen wies. »Der kann ja gar nicht reiten!«

»Woher willst du wissen, dass ich nicht reiten kann?«, bellte der Gemeinte zurück und machte Anstalten, den nächsthängenden Steigbügel zu erfassen und sich auf den Sattel im ersten Stock zu werfen, so hoch kam es ihm vor.

»Halt!«, erscholl die Feldwebelstimme des zweiten Beamten, der die Hand schon am Pistolenfutteral hatte. »Bleiben Sie stehen und bewegen Sie sich nicht.«

An und für sich verlief die ganze Situation im Sinne der investigierenden Beamten. Verdächtige, die sich streiten, verwickeln sich in Widersprüche, mehr will man ja gar nicht. Aber es durfte nicht sein, dass sich der männliche, vermutlich kriminell aktivere Teil dieses sauberen Pärchens verdünnisierte.

»Also, heraus mit der Sprache, woher stammt das Tier mitsamt Sattel?«, an den Mann am Pferd gerichtet. An die Frau: »Und Sie halten den Mund!«

Dieser grobe Ton passte eigentlich gar nicht in die Idylle des schönen Tages, er schien auch unangemessen, andererseits darf man Polizeibeamten im täglichen Dienst auch nicht eine andauernde Engelsgeduld zubilligen. Die Uniformierten bekamen eine Antwort, postwendend und sehr höflich – von der Dame:

»Sagen Sie mal, gehören Kriminalromane zu Ihrer Dienstvorschrift oder geben sich in Ihrem Revier die Pferdediebe die Gattertore in die Hand? Das Vieh ist uns zugelaufen! Ist das klar? Sie können von Glück sagen, dass mein Begleiter es auf- und festhalten konnte, sonst wäre Ihnen der Gaul vor den Wagen gelaufen, weil die hiesige Polizei mit überhöhter Geschwindigkeit durch die Landschaften saust. Sie hätten nicht mehr bremsen können – Sie nicht!«

Dabei blickte sie vielsagend auf den missbrauchten Dienstwagen, dessen linkes Vorderrad immer weiter im kleinen Graben versank. Man musste der aus Westdeutschland stammenden Dame hoch anrechnen, dass sie auf jede Anspielung des konservierten Polizeijargons der untergegangenen DDR verzichtete.

Alexander, dem es langsam zu viel wurde, mischte sich jetzt ein: »Es ist so. Das Pferd kam uns auf diesem Wege – ohne Reiter – entgegen. Vermutlich hat es ihn abgeworfen. Schlimmstenfalls mit Unfallfolgen. Wir sind fremd hier, wissen nicht, wo wir uns befinden, sonst hätten wir die Polizei längst informiert. Vielleicht erkundigen Sie sich über Ihre Dienststelle nach einem vermissten Pferd, bevor Sie uns des Diebstahls bezichtigen.«

Das klang nun logisch und vernünftig. Nur hätte sich der Pferderetter denken können, dass man ausübenden Polizeibeamten in eskalierenden Situationen besser keine Ratschläge erteilt. Sie gelten als nicht ausgesprochen und werden auch nicht protokollarisch erfasst.

»Können Sie sich ausweisen?«

»Nein!«

»Dann fordern wir Sie auf, uns auf das Revier zu begleiten, und zwar unverzüglich!«

»In Ordnung, aber dann übernehmen Sie das Pferd, wir brauchen es nicht mehr.« Auffordernd hielt Alexander den ihm am nächsten stehenden Beamten die Zügel hin. Der sprang einen ganzen Schritt zurück, denn auch das Pferd wurde erneut widerspenstig. Es wollte zurück in den kühlen Stall und nicht an die Hand eines Beamten, also meckerte es und wer Pferde kennt, der weiß, dass es nicht beim Meckern bleibt. Es wurde sauer und Alexander, der es hart festhielt, bekam einige Probleme.

»Lassen Sie auf keinen Fall das Objekt los! Das ist ein Befehl!« Panik schien aufzuziehen, nur so war zu erklären, dass sich der Uniformierte an die prägende Ausbildung bei der Kasernierten Volkspolizei erinnerte, wo immer dann unmögliche Befehle erteilt wurden, wenn man nicht mehr weiter wusste.

»Ich übergebe hiermit das mir zugelaufene und im Sinne des BGB gefundene Objekt in Ihre Hand. Wenn Sie als gesetzlich bestimmte Vertreter der bundesstaatlichen hoheitlichen Behörde die Übernahme verweigern, leite ich eine Dienstaufsichtsbeschwerde ein. – Lydia lass dir die Ausweise der Beamten zeigen und notiere die Personalnummern, das ist wichtig!«

Freudig sprang die Frau auf den zweiten Beamten im sicheren Rückraum zu und erklärte wichtig: »Alexander ist nämlich Rechtsanwalt, wissen Sie!«

Plötzlich schien die Vernunft zu siegen. Das Telefon im Dienstwagen ließ sich aktivieren. Kein Pferd im weiten Umkreis wurde vermisst. Der Revierleiter wollte demzufolge die Registrierungsnummer des heimatlosen Gauls wissen. Lauter Ruf aus dem Wagen: »Besitzt das Objekt eine Zulassungsnummer? Muss irgendwo befestigt sein!«

An des Pferdes linker Seite war nichts Amtliches angeklebt und auch nicht angeheftet. Weder Alexander noch Lydia noch Polizist Nummer zwei wagten sich auf die andere Seite, denn das Pferd stand jetzt nahe am schilfbewachsenen Graben und fand Untersuchungen überhaupt nicht mehr lustig. Negativmeldung. Man war gezwungen die Ferndiagnose weiter zu treiben:

»Welches Geschlecht hat das Objekt?«

Der Beamte nebst Pferd betrachtete bei gebotener Vorsicht die hintere Bauchpartie der Kreatur, wobei das Tier ein wenig Scham zeigte, es wedelte heftig mit dem Schwanz und schloss verstimmt die schönen großen Augen.

»Ein Hengst ist es nicht!«

Das Inspektionsergebnis wurde per Funk weitergegeben. Da blieben also nur noch Stute oder Wallach übrig. Wie sieht denn nun ein armer Wallach aus, dem da unten alles ab …?

Unversehens bildete sich eine verschworene Gemeinschaft der Vier, die das Opfer, so definierte man im Stillen das zugelaufene Tier, nicht weiter bloßstellen wollte. Es tat ihnen jetzt wirklich leid. Das schrill tönende Signal eines Martinshorns befreite die Beamten vor weiteren Ausflüchten dem Vorgesetzten gegenüber. Der dagegen informierte seinen festgefahrenen Streifendienst, dass tatsächlich aus der näheren Umgebung der Unfall einer Reiterin gemeldet worden sei. Rettungsdienst sei bereits im Einsatz. Man vermutete, dass das aufgefundene Pferd eben dieser verunglückten Reiterin zuzuordnen sei, und würde alles Weitere veranlassen.

Da stand man nun. Alexander mutete es inzwischen den Beamten doch nicht zu, das »Objekt« zu übernehmen, zumal das Tier eine Abneigung gegen Uniformen zu zeigen schien. Man kennt das von Hunden, die früher allmorgendlich jede Menge Briefträger angefallen hatten. Heute verkleidet sich die Post, steckt die Boten in sackähnliche Parkas, so haben die armen Köter das Nachsehen und leiden deswegen an neurotischen Störungen.

Außerdem schien Alexander dem Pferd zu gefallen. Es verhielt sich inzwischen lammfromm. Vermutlich wohl doch eine Stute.

Die Beamten besahen sich die prekäre Lage ihres Fahrzeuges und machten sich daran mit Hilfe von kräftigem Gas geben, Rückwärtsgang und schleichender Kupplung die Situation zu verbessern. Das Gegenteil trat ein.

»Haben Sie ein Seil dabei?« Selbstverständlich hatte man. »Mein Pferd und ich, wir wollen versuchen, Ihnen zu helfen. Immerhin eine zusätzliche Pferdestärke. Zwar ist das ein Reit- und kein Zugpferd, einen Brustgurt haben wir auch nicht,« (Was der Mann alles wusste?) »aber der Sattel sitzt fest. Wir binden das Seil daran fest und ziehen. Einer setzt sich ans Steuer – Lydia, das kannst du tun, du bist die Leichteste – und die Herren drücken von hinten.«

Gesagt, getan. Das Pferd, Alexander beschloss ihm einen Namen zu geben, verfolgte das ungewohnte Anschirren mit großer Neugierde und ließ sich in Positur stellen.

»So Billie, du heißt jetzt vorübergehend Billie, nun zeig, was du bei mir gelernt hast«, zu den andern: »Es geht los!« Er stellte sich vor das Pferd und zog am Halfter. Willig kam Billie mit. Doch als es den Widerstand am Sattel spürte, blieb es stehen.

»Billie, voran, voran!!«

Alexander zog am Pferd, das Pferd sträubte sich, keinen Schritt ging es voran. So gab Alexander ihm einen Klapps auf das warme, weiche Hinterteil. Und siehe da. Das Pferd zog am Seil, das Seil zog am Auto, das Auto zog an den zwei Beamten und – plötzlich stand die amtliche Karre auf allen vier Rädern und halbwegs in der richtigen Fahrtrichtung.

Kaum war das komplizierte Manöver beendet, erschien im Hohlweg ein Mann in Reiterhosen und Gummistiefel, der von weitem winkte. Der Mitarbeiter des Reitstalls befand sich auf der Suche nach dem Ausreißer. Erfolgreich, schließlich hatte er ihn nun gefunden.

Die zwei strengen Beamten fanden überhaupt keinen Anlass zur Zufriedenheit, ließen sich zunächst den Namen und die Anschrift des Hofes geben und deuteten den schlimmen Verdacht einer vielleicht noch zu ahndenden Ordnungswidrigkeit wegen Verstoßes gegen den Paragrafen eins der Straßenverkehrsordnung und so weiter und so weiter an.

»… Wenn diese hilfsbereiten Herrschaften nicht unter Einsatz ihres Lebens das unbeaufsichtigte frei laufende Tier vor dem unbefugten Betreten der viel befahrenen Bundesstraße aufgehalten hätten, wäre möglicherweise ein größerer Unfall entstanden und – an welcher Stelle des Pferdes ist denn überhaupt die amtlich vorgeschriebene Registriernummer befestigt? Und – ist das nun ein Wallach oder eine Stute?«

Tief beeindruckt und in betont devoter Haltung, hörte sich der Angestellte die Ermahnung an, versprach fest in Zukunft darauf zu achten, dass nur noch in jeder Beziehung aufgeklärte und ausgewachsene Damen von mindestens 75 Kilogramm Lebendgewicht in den Sattel gelassen werden, nahm Billie am Zügel und verschwand im Hohlweg.

»Urania ist eine Stute!«, rief er noch über die Schulter den hilfreichen Herrschaften zu. Man hatte den Eindruck die Antwort würde befriedigen.

Eine nachdenkliche Lydia schaute den Pferden nach. In die Stille hinein deklamierte sie leise:

»Da hat das kleine Pferd
sich plötzlich umgekehrt
und hat mit seinem Steert
die Fliegen ab-ge-wehrt.«

»Lydia, Schatz, du kannst ja dichten!«

»Ich nicht! Das hat Tucholskys Prinzessin gesagt, nein, sie hat es gesungen nach der Melodie von ›Tararabumdiä‹. Du musst doch wohl zugeben, dass diese kleine Strophe viel schöner und gefälliger als Shakespeares schwülstiges Wörtergeflecht ist.«

»Aber mit dem alten Engländer habe ich die stolze Urania aufgehalten und sie sicher sehr beeindruckt. Sie hat auf mich gehört. Eigentlich solltest du dir ein Beispiel an diesem schönen Pferd nehmen …«

»Apropos Pferd: Wir sollten nicht den angebotenen Kaffee im Reiterhof verpassen«, lenkte Lydia gekonnt ab. Da half selbstverständlich die plötzlich freundliche Polizei, war doch Ehrensache.

NACHLESE VON UNTERWEGS

In Theos Gartenhaus. Hinter der Bühne. Zwei Protagonisten leckten sich die Wunden – wenn neidische Kritiker zu urteilen gehabt hätten. Aber die Vorstellung fand ohne Urteile anderer statt, deshalb sonnten sich die Darsteller unbehelligt im Glanze ihrer bescheidenen, kleinen Erfolge. Sie fühlten sich auf jeden Fall wohl. Und wenn's den Eseln zu wohl wird, schwingen sie sich aufs Eis, selbst im Frühling!

Ein letzter Abend im Vereinslokal. Leichtsinnig für das ahnungslose Paar, weil nach wie vor gefährlich. Fritz hatte in seiner Wachsamkeit nicht nachgelassen und sicherheitshalber eine ernste Warnung wegen der gefährdeten Rezepte in den grünen Umlauf, den Kreis der Gärtnerinnen, gegeben. Diese allerdings schien die Kleingärtner und vor allen Dingen die Kleingärtnerinnen kaum beeindruckt zu haben. Als sich nämlich herumsprach, dass es der letzte Abend der Gäste in ihrem Kreise sein würde, leisteten sie dem sympathischen Paar ordentlich Gesellschaft und erschlugen Lydia mit wunderbaren Kochanleitungen, die ausgereicht hätten, mindestens drei Bestseller zu verfassen. Nein, sie würden keine Tantiemen beanspruchen, sie wären durchaus zufrieden, wenn lediglich ihr Name im Buch erscheinen würde, außerdem stammten ja die meisten der köstlichen Speisefahrpläne ohnehin von den Müttern und Großmüttern Mecklenburgs.

Die Frauen hielten es für eine zierende Bescheidenheit und sie wehrten deshalb den tapferen Fritz ab, der eine Katastrophe verhüten wollte. Außerdem konnte der aufmerksame

Wirt beim besten Willen nicht überall sein. Auf der Männerseite an der Theke zeugte dröhnendes Lachen vom Erfolg des vollzogenen verbalen Landesverrates posthumer DDR-Witze, wobei dem zwangsläufig zuhörenden Fritz bei der Vorstellung, dass ein heimtückischer Verleger diese faulen Witze in der Kombination mit den spartanischen Rezepten zu einem übel riechenden Brei anrühren könnte, kalte Schauder über den Rücken liefen.

Immer wieder versuchte er den Mann, den angeblichen Alexander, aus der Reserve zu locken. Doch das gute Geschäft, der sozusagen schäumende Betrieb, besaß Priorität, verlangte seinen ganzen Einsatz. Dass eine volle Kasse viel mehr wert war als die aufopfernde Verteidigung eines – wenn auch hohen – Ideals, hatte er längst kapiert.

»Also«, so dachte er pragmatisch, »wenn nicht heute, dann eben später. Doch eines Tages kriege ich euch. Ihr werdet wiederkommen. Ich kann warten!«

(So verhinderte wieder einmal die skrupellose Macht des Kapitals die rechtzeitige Aufdeckung subversiver Elemente, die sich einer Frieden liebenden, sozialen und gerechten Welt entgegenstemmen.)

Diese gedankliche Verschiebung der guten Absicht auf einen späteren Zeitpunkt beruhigte den Wächter der hehren Ideologie ungemein, und als die allgemeine Verabschiedung mit lautem Hallo, kräftigem Schulterklopfen, vorsichtigen Wangenküssen und ein paar versteckten Tränen durch die vom Rauch geschwängerte Luft der kleinen Kneipe waberte, schloss sich auch Fritz seinen Leuten an, die sich ehrlich auf das fest versprochene Wiedersehen freuten.

Also doch kein gefährliches Glatt-, sondern eine Art genussreiches Speiseeis, auf beziehungsweise in das sich unser Paar begeben hatte, war es jedenfalls bei der Abgabe des Versprechens wirklich selbst davon überzeugt, alsbald, »spätestens im nächsten Sommer« in den Kreis dieser liebenswerten Menschen zurückzukehren.

Immer wieder hielt Lydia beim Einpacken ihrer Sachen inne, schaute dabei durch das kleine Fenster in den Garten, wo die Blumen und das Gemüse mit Wonne in die Höhe schossen. Das eigentlich ebenso schöne Unkraut hatte wenig Chancen es den Nutzpflanzen gleich zu tun, weil der emsige Grauhaarige solches Bestreben mit allen mechanischen Mitteln verhinderte. Erstaunlich nur, dass man ihn kaum zu Gesicht bekam.

»Unsichtbare Kräfte, die dem Wohle dienen, stehen aufdringlichen Schreihälsen, die alles zerstören, gegenüber«, meinte Lydia gedankenverloren, »galt das für die DDR oder gilt diese Erkenntnis für die gesamte Menschheit?«

Alexander, der ebenfalls seinen Koffer vollstopfte, wobei es ihm nicht gegeben war, eine ähnliche Ordnung wie Lydia sie bevorzugte, auch nur annähernd seinen Kleidungsstücken beizubringen, unterbrach sein anstrengendes Werk und stellte sich zu ihr. »Ich weiß zwar nicht, wem du diese Weisheit gewidmet hast, aber sie besitzt wohl Allgemeingültigkeit, sie bleibt nicht auf vergangene Regime beschränkt, sie wird uns überleben.«

Sie setzten sich zum letzten Mal auf die karierten Kissen der kleinen Couch. Er legte seinen Arm um sie.

»Unser Spiel neigt sich dem Ende zu. Wir hatten uns zu Beginn auf eine Bilanz geeinigt, die wir am Schluss unseres Abenteuers ziehen wollten, aber ich möchte nicht wie ein Kaufmann Soll und Haben vergleichen. Eine Gewinn-und-

Verlust-Rechnung erscheint mir so nüchtern, so menschenfremd, so berechnend. Ich lehne sie ab. Lydia, ich fasse daher einfach nur zusammen und darf dir sagen, dass ich selten so wunschlose ausgefüllte Momente mit einem geliebten Menschen erlebt habe. Aber auch den unendlich langen Augenblick, der mir die Kehle vor Angst zuschnürte, weil ich befürchten musste, dich zu verlieren.«

Alexander legte seinen Kopf an ihren. Sie schwiegen ausgedehnte Sekunden, vielleicht sogar Minuten. Wer zählt die Zeit des Schweigens zwischen Menschen, wenn sie glücklich sind.

»Diese Hütte war mir – und ich glaube auch dir – ein schönes Schloss Gripsholm; die Feriengeschichte allerdings eine andere. Die Zeit und unsere Figuren verlangten eine Überarbeitung. Ich finde, sie ist gelungen. Dennoch haben wir uns an das Motiv gehalten, fern vom Alltag, Familien und Identität Urlaub zu machen, sozusagen die ›Ferien vom Ich‹, jedoch aus einem anderen Buch, von Paul Keller verfasst, glaube ich. Ich bin so froh, Alexander, dass wir den Sprung in Tucholskys heiteren Nachlass gewagt haben, so albern das auch für andere klingen mag. Doch es bleibt geheim. Das schönste Geheimnis, das ich in meinem Herzen versenke. Wir lieben uns. Mit dieser gemeinsamen Kraft umschiffen wir die Klippen, die noch vor uns liegen.«

Sie saßen wieder im Zug. Dieses Mal in Fahrtrichtung Südwesten. Lydia las die letzten Seiten des Buches ›Schloss Gripsholm‹ von 1931, schaute ab und zu durch die Panoramafenster in die vorüberhuschende Landschaft, versuchte im Schluss des Romans und ihrer Situation eine, wenn auch nur klitzekleine, Übereinstimmung zu entdecken, fand sie aber auch draußen im Gelände nicht, bis sie an die Stelle des Romans gelangte, wo das befreite Kind Ada den Daddy und die Prinzessin fragte, ob sie verheiratet seien.

»Tucholsky sinnierte über verheiratete Landstreicher, als Lydia ihn danach fragte. Er glaubte, dass eine Ehe über fünf Wochen ganz gut auszuhalten sei. Dann wäre, seiner überlieferten Meinung nach, die Hitze der ersten Tage vorbei und die Lauheit der langen Jahre noch nicht erreicht. Das Paar war nicht verheiratet und natürlich keine Landstreicher; wir aber, mein Lieber, sind, jeder für sich natürlich, verheiratet und spielten vier Wochen unverheiratete Vagabunden, wenn ich an das Gartenhaus, die Vogelscheuche, den Tümpel und an das Pferd denke.«

Ein schelmisches Lächeln glitt in Lydias Gesicht und auch Alexander, an den die Worte gerichtet waren, lächelte zustimmend.

»Jawohl«, sagte er, »wir hatten die Lauheit der langen Jahre an der Gepäckaufbewahrungsstelle abgegeben und uns ganz der Hitze der ersten Tage gewidmet. Ich denke, Tucholsky wird mit uns zufrieden sein.«

»Hat er uns von oben zugeschaut?«

»Ich bin da ganz sicher!«

»Die ganze Zeit?«

»Bestimmt! Besonders in den Nächten.«

»Dann dürfen wir uns nachher den Schließfächern im Düsseldorfer Hauptbahnhof widmen und die Kümmernisse der langen Jahre wieder an das Tageslicht zerren. Ich fürchte, sie werden schon auf dem Bahnsteig auf uns warten.«

Zwei Sätze Lydias, die wie ein einziger Seufzer klangen.

»Musst du uns so grob in die Wirklichkeit stoßen?«

»Ja«, sagte Lydia und klappte das Buch zu. »›Up dat es

uns wohl goh up unsre ohlen Tage‹, sagte Martje Flor in den Niederdeutschen Überlieferungen. Detlev von Liliencron, Theodor Storm, Klaus Groth nahmen die Legende in ihren dichterischen Werken auf. Auch Tucholsky legte seiner Prinzessin diesen Spruch in den Mund und damit lässt er seine so schöne Geschichte enden. Ich verstehe die geflügelten Worte als einen Aphorismus, der uns auffordert, tätig zu werden. Im Dreißigjährigen Krieg, in den schwärzesten Tagen deutscher Geschichte entstanden, bedeutete er Hoffnung und den Glauben, dass es besser werden kann und dass es besser werden wird, wenn die Menschen dazu bereit sind. Wir müssen diesen Sinnspruch, diesen Wunsch auf uns übertragen. Wir müssen die Frage stellen: Wie geht es weiter mit uns beiden?«

»Erfolgt jetzt die Endabrechnung?«, fragte Alexander, der jetzt doch wohl besser wieder Peter heißen sollte. Die Frage war ernst zu nehmen. Dennoch schien sich ein spöttischer Unterton in den Worten verfangen zu haben. Offenbar von Lydia nicht bemerkt, denn sie schwieg.

»Also gut«, begann Peter, »beginnen wir mit dem zu vermutenden Frage-Antwort-Spiel. Was wirst du deinem Mann erzählen, wenn er nach dem minutiösen Ablauf deiner Verjüngungskur im besagten Sanatorium fragt? Er wird fragen, ganz bestimmt, denn der Erfolg ist deutlich sichtbar. Du siehst blendend aus. Wie heißt der schöne Ort, wird er wissen wollen. Unter welchen linden Maibäumen fließt der unerschöpfliche Jungbrunnen, die nächste neugierige Frage, um dieses Geheimnis seiner guten Freundin, will ja nicht sagen Geliebte, zu empfehlen. Junge, Junge. Mädchen, da kommt eine quälende Inquisition auf dich zu. Die todsichere Existenz eines zweibeinigen Kurschattens wird seine nächste Vermutung sein. Späte Liebe soll ja Wunder wirken, diese Erkenntnis besitzt auch der trotteligste Ehemann …«

»Vielen Dank für das Kompliment, mein Lieber«, unterbrach Lydia ihn, »zu dummen Fragen fallen Frauen immer gescheite Antworten ein. Andererseits gilt das alles auch für dich, besser gesagt gegen dich. Ich darf dir gleichfalls ein zufriedenstellendes Aussehen bestätigen, was deine Frau zu analogen Nachforschungen veranlassen wird. Ob du dich da unbefleckt herausreden kannst? Wobei ich selbstverständlich nicht deine juristischen Qualitäten anzweifeln möchte, aber die Weiber haben da so ihre Methödchen … Im Übrigen lass ich meinen Göttergatten auf mich zukommen, später bei knusprigen Bratkartoffeln, die beruhigen ihn so. Er wird ohnehin nicht zu Hause sein …«

»Er wird nicht zu Hause sein? Woher willst du das denn wissen?«

»Nehmen wir an, er wäre schon früher heimgekehrt und fände die Wohnung verwaist vor, dann würde er in aller Eile die schmutzige Wäsche die Kellertreppe hinunterwerfen, sich mit dem widerlichen Bodygel for Modern Men duschen, die Reinigung der Duschkabine natürlich vergessen und auf dem Absatz kehrt machen …«

»Nein, das macht ein Mann doch nicht! Wohin geht er denn?«, fragte Peter pikiert.

»Och, damit hat der Kerl keine Probleme, da gibt es den Stammtisch in der Eckkneipe, da wartet ständig sein Büro auf den Unersetzlichen oder Kollegen erfinden ein höchst interessantes Seminar von einer Sekunde auf die andere. Wenn alles das nicht klappt, hat eines der Kinder Probleme mit dem Auto, das gerade eben im Nachbarort mitten auf einer

Kreuzung stehengeblieben ist, wobei sich das Tankschloss nicht öffnen lässt, der Reifendruck zu niedrig ist oder die Batterie versagt hat …«

»Du kennst dich aber gut mit Autopannen aus. Was ist mit Sport, dein Mann ist doch sportlich, oder?«

Er erntete einen spitzen Schrei der Entrüstung. »Wahrlich eine Sportskanone! Gewesen als Schulknabe. Darüber schwadroniert er heute noch. Das war's dann auch. Ich hatte einmal einen Tanzkurs für uns beide angemeldet. Er kam auch mit. In der zweiten Stunde hatte er's im Kreuz und in der dritten fiel er wegen eines angeblichen Muskelfaserrisses aus. Mit dem Notarztwagen ins Krankenhaus. Peinlich kann ich dir sagen. Oh, wir sind ja schon in Duisburg.«

»Wenn ich nach Hause komme, dann hat meine Frau die Wohnung in einen antiseptischen Zustand gebracht. Sie nutzt die günstige Zeit meiner Abwesenheit – der Hauptverunreiniger außer Haus, weißt du – die Putzhilfe aus Kroatien einmal ordentlich zu aktivieren und sämtlichen Viren, Bakterien, Salmonellen, gefräßigen Milben und anderem nicht ins Haus gehörenden Viehzeug den Garaus zu machen. Im Garten …«

»Peter lass es gut sein. Wir werden beide heimkehren, werden lächeln und uns auf prächtige Unwahrheiten einstellen. Aber wir werden zufrieden sein. Ich auf jeden Fall. Der Alltag fällt mir leichter, denn es gibt dich. Trösten wir uns für die nächste Zeit mit den Kölnern: *Et kütt wie et kütt un et hätt noch immer jot jejange.*

Und was hat Martje Flor sich – und uns – in ihrem Trinkspruch gewünscht: *Auf dass es uns wohl gut ergehe auf unseren alten Tagen.«*

»Du bist eine starke Frau.« Er nahm sie in die Arme und

küsste sie, was die Düsseldorfer Bahnreisenden ebenso missbilligten wie vor vier Wochen die Mecklenburger.

ZU GUTER LETZT

Wie zwei Fremde nebeneinander machten sie sich an den Abstieg hinunter ins Tal der Bahnhofslandschaft, das mit unerträglichem Lärm und gegeneinander strömender Tide von Ebbe und Flut mechanisch bewegter Menschen gefüllt war.

Spätestens im wogenden Gewühl fremder Sprachen verloren sich ihre Stimmen, trennten sich ihre Blicke. Während Lydia sich am Taxistand in ein längeres Logistikgespräch mit dem türkischen Fahrer der dritten Generation einlassen musste, weil sie noch diverse Lebensmittelmärkte anzulaufen hatte, verdrückte sich Peter still und heimlich in ein anderes beiges Fahrzeug der dienstbaren Organisation und verschwand von der Bildfläche, schwierig während der rheinischen Rushhour.

In seinem Hause angekommen, brüllte er wie gewohnt in den hohlen Hausflur hinein: »Ist jemand da?« Das Haus hatte sich inzwischen an Ruhe gewöhnt, es antwortete nicht. ›Auch gut‹, dachte sich Peter der Alexander. Die Frau hätte ja bereits zurück und die Sprösslinge auf sporadischem Besuch sein können. An der Garderobe passierte er den eingerahmten Spiegel. Wie immer – die alten Gewohnheiten hatten sich mit seinem Eintritt prompt wieder eingestellt – streckte er seine Nase dem Glas entgegen und hielt dem Blick, der ihn anstarrte, viel länger als sonst stand. Tatsächlich, er schien sich doch wirklich erholt zu haben. »Irgendwie erneuert, mindestens teilerneuert«, grinste er den Spiegel an, vermied es wie sonst üblich seine Sachen an der Garderobe abzulegen und schleppte seine Reiseutensilien nach oben in die Schlafgemächer, trug die gebrauchte Kleidung in einem Wäschekorb nach unten in den Waschkeller, legte und faltete die übrigen Teile sorgsam zusammen und stapelte sie in die dafür vorgesehenen Schränke und wusste genau das penible Ordnungssystem seiner Frau einzuhalten. Komisch, im Moment erschien dem Herrn diese völlig überflüssige Tätigkeit irgendwie erträglich; viel Zeit hatte er dabei auch nicht vergeudet, so schlich sich ihm die früher für absurde Zeitverschwendung gehaltene Tugend zur ehemännlichen Hilfe im Haushalt in sein aktives Gedankenregister und setzte sich dort fest, jedenfalls als virtuelle Vorlage für eine spätere Absichtserklärung.

Er trabte hinunter ins Wohnzimmer. Es dämmerte schon, die Tischlampe warf ein spärliches, eben energiesparendes Licht in den Raum; ihm wurde eng, plötzlich allein, so ganz allein mit dem kümmerlichen Licht und dem großen Panoramabild vom Gardasee an der Wand. »Licht, mehr Licht«, rezitierte er und nahm weitere Lampen in Betrieb, was seine miese Stimmung allenfalls verlängerte. Das polierte Messinggestänge der großen Stehlampe schimmerte nur matt. Der Mann wurde mürrisch und fand somit die gesamte Beleuchtung fad und funzelig. Er beabsichtigte in den Keller zu steigen, um eine anständige Glühbirne heraufzuholen, denn der Mensch lebt in hellen Wohnungen und nicht mehr in den Höhlen eines Tales, das man später Neandertal nannte. Er berührte das Gestell der Lampe und spürte einen feinen verräterischen Staubfilm an seiner Hand.

Peter der Alexander stutzte und rief dann plötzlich aus: »Da habe ich den Hausfrauen der Welt aber bitter unrecht getan. Von wegen Antisepsis, Reinraumbedingungen in deutschen Wohnzimmern, das stimmt nicht und darf auch nicht stimmen. Ich liebe Staub, ich liebe Schmutz, sie machen uns immun mindestens gegen Malaria und Hundestaupe.« Ein wenig schämte er sich, da er seine Frau, immerhin die Chefin dieses Hauses, als einen peniblen Putzteufel bezeichnete.

Nach einer geheimen Reueminute überprüfte er, theoretisch jedenfalls, den Zustand seiner eigenen Oberfläche und meinte, nach der langen Reise sei nun aber auch ein persönlicher Reinigungsprozess notwendig. Gedacht, getan: ab ins Bad!

»Ist jemand da?«, rief – ein wenig verhalten – eine gerade zurückkehrende Dame, die Koffer, Reisetasche und sonstige Tüten im Eingang ihres Hauses gefährlich hoch gestapelt hatte. Dieser Ruf galt einmal ihrer Sicherheit, denn sie hatte gehört, dass Einbrecher während der Arbeit sehr unter Stress stehen und ein lauter Ruf bereits zur Flucht derer führen kann – eine deutlich angenehmere Reaktion, als vermutliche jener beim Erschrecken der Bande auf frischer Tat.

Zum anderen hätte sie natürlich gerne gewusst, ob Ehepartner, Haushaltshilfe oder möglicherweise Tochter beziehungsweise Sohn zur tragenden Hilfe bereitstanden. Die genannten Figuren schienen offensichtlich kaum präsent zu sein, denn im Hause blieb alles mucksmäuschenstill.

Auch sie, die Dame, blieb vor einem Spiegel stehen und bat um diskrete Auskunft über ihr Äußeres. Der Spiegel tat sein Bestes und sie schien ebenfalls zufrieden zu sein. Der kahle Zustand der Garderobe mit den freien leeren Kleiderhaken allerdings rief keine Begeisterung hervor. »Habe ich mir das nicht gedacht, dass der Herr sich Zeit lässt? Wahrscheinlich hat das Büro ihn unterwegs angerufen und nun sitzt die ganze Bande in ihrem Stammlokal und feiert frenetisch seine Rückkehr. Der Kerl ist wirklich noch nicht da, sonst hätte doch der ganze Kladderadatsch hier gestanden!«

Ihre Stimme klang belegt, betroffen. Sie schien dem Weinen nahe. Die Rückkehr, den Empfang im Haus hatte sie sich anders vorgestellt, ganz anders. Ihre Stimmung schlug in Wut um. Die Tüten und Taschen wurden mit Schwung in die Küche befördert, der Reisekoffer erhielt einen derben Fußtritt und polterte die Treppe in den Keller hinunter. Weder der stabilen Stiege noch dem Koffer tat eine solch rohe Behandlung gut und beide beklagten sich mit lautem Poltern, was zwangsläufig die großzügige Familienhütte in Gänze aufweckte.

»Ist da jemand?«

Alle Ein- und Zweifamilienhäuser kennen diese verbale Investigation. Doch mit der einfachen Umstellung der Satzglieder erklimmt die Frage die nächsthöhere Stufe. Der neugierige Mensch ist sicher, dass sich noch jemand im Hause aufhält, er weiß nur nicht wer und wo.

Im Rahmen moderner Kommunikation überhört Mann oder Frau grundsätzlich den wesentlichen Teil dessen, was der andere wissen will und reagiert stets mit einer Gegenfrage: »Wo bist du denn?«

»Im Bad und du?«

»In der Küche, wo ich eurer Meinung nach doch hingehöre!«

Das war nun wirklich gemein und eine diesbezügliche Erwiderung erfolgte lediglich durch die unschuldige Badezimmertür, die oben mit einem sehr männlichen Fußtritt zugeworfen wurde. Die in der Küche ärgerte sich, nicht wegen der Tür, die war ihr egal, nein sie haderte mit sich selbst, es war dumm, so zu antworten. Da war der Mann nun längst zu Hause und aalte sich im Bad, statt seine ihm Angetraute, die er ja nun vier Wochen entbehren musste, freudig und mit einem Blumenstrauß zu begrüßen. Das gehört sich einfach. Selbst dann, wenn die Ehe schon einen längeren Bestand hat! Aber wo hat dieser unmögliche Mensch denn seine Reiseklamotten gelassen? Der wird doch wohl nicht …

»Ist jemand da?«

Zwei junge Leute, Bruder und Schwester, und wie man annehmen durfte, der Nachwuchs der Familie starrten ebenfalls auf die fast völlig befreite Garderobe. »Die Lichter brennen, doch niemand da …«, deklamierte die junge Frau frei nach einem modernen Dichter, während der junge Mann schnüffelnd seine Nase in die Luft hob: »Schwesterlein, ich rieche Kaffee. Ich schätze, unsere liebe Mutter ist zurück …«

»Ach, ihr seid das! Mit euch hatte ich nun wirklich nicht gerechnet. Dürft ihr überhaupt nach Hause fahren, ohne Klausuren und Kommilitonen schmählich zu vernachlässigen?« Fröhlich klang das nicht.

Die jungen Leute kapierten schnell, dass sie ihre Mutter wohl auf dem falschen Fuß und erst recht zu einem unpassenden Zeitpunkt erwischt hatten, doch so schnell gibt die Nachfolgegeneration nicht auf. »Ist ja gut, Lydia, wir haben auch gar keinen Hunger, vielleicht hast du für uns einen Becher Kaffee übrig, mehr erwarten wir ohnehin nicht, sind ja sowieso nur auf einen Sprung hier«, sprach ihre wohl gelungene Tochter und hatte sich bereits an ihrem angestammten Platz am großen Küchentisch niedergelassen. Mädchen besitzen einfach die viel schnellere Auffassungsgabe als beispielsweise andere Menschen. Der andere junge in der Dreierkonferenz wusste das natürlich und ließ seine Schwester machen, er saß längst – logisch – natürlich auf seinem Platz.

Einmal Mutter, immer Mutter, dachte Lydia und war irgendwie glücklich darüber, dass wenigstens die beiden bei ihr waren. Sie ordnete ihre kreisenden Gedanken während sie Gedecke und Bestecke für eine kleine Mahlzeit bereitlegte. (Frauen können beides gleichzeitig, Männer können das nicht). Natürlich würden die beiden gleich fragen, man sah ihnen die fast platzende Neugier an den Nasenspitzen an. Sollte sie die Karten offen auf den Tisch legen? Groß genug war der ja und ihre Kinder müssten einfach Verständnis zeigen, erwachsen genug schienen die schließlich auch zu sein.

»Wie war euer Urlaub und wo wart ihr überhaupt?«

»Eigentlich wollten wir nach Schweden, zum Schloss Gripsholm, aber das hat nicht geklappt, weil ...«, Lydia zauderte, der weitere Satz bereitete ihr offensichtlich Schwierigkeiten.

»Weil was?« Simone, ihre hellhörige Tochter, hakte nach.

»Euer Vater und ich haben uns auf dem Bahnhof, genauer gesagt auf dem Bahnsteig getrennt, ich habe dort einen anderen Mann getroffen, Alexander heißt er!« Man hätte im Raum, der schalltüchtigen Küche, eine Stecknadel fallen gehört, wenn sie denn vorhanden gewesen wäre. Oliver, ihr Sohn, wurde kreidebleich, hatte er nicht doch kürzlich in der WG von seiner harmonischen Familie geschwärmt, und nun diese Wahrheit, diese scheißverdammte Offenheit dieser überbordenden Ära von Dekadenz, in der sie alle leben mussten.

»Du hast auf dem Bahnsteig einen fremden Mann kennengelernt und bist mit dem kurzerhand in den Urlaub gefahren? Das kann ich nicht glauben!« Simone, fiebrig und unruhig war aufgesprungen.

»Na ja, wir kannten uns bereits.«

»Wie lange geht denn das nun schon, ich meine wie lange kennst du den fremden Kerl?« Junge Frauen gehen den Dingen auf den Grund, vor allem, wenn sie ihre Mütter auf Abwegen ertappen.

Diese Frage brachte Lydia leicht in Rage. »Alexander ist kein Kerl, er ist ein anständiger Mann, allerdings verheiratet und Jurist, wobei man über Letzteres hinwegsehen kann, euer Vater ist ja auch einer ...«

Nun fragte Oliver, der langsam wieder Luft bekam: »Ja, wie hat Papa denn reagiert, als du mit diesem, och ich will den Namen gar nicht benutzen, losgefahren bist?«

»Du wirst lachen, mein Junge, er schnappte sich seine Prinzessin und ab ging es in den Norden!« Lydia setzte an, höhnisch, ja grundlos theatralisch aufzulachen, als sie von Oliver unterbrochen wurde:

»Ruhig mal, ich glaube da oben ist jemand im Haus. Ist Papa schon zu Hause?« Die maßlos geschockten Kinder sahen ihre Mutter strafend an. Simone öffnete Tür, streckte den Kopf vorsichtig hinaus, zog ihn sofort wieder ein. »Da geht jemand in Papas Bademantel in den Keller – Alexander?« Ein Blick, der hätte töten können, traf die sittenlose Mutter, die im Moment an mehrere griechische Tragödien erinnert wurde. Doch sie spielte die große Sarah Bernhardt vollendet zu Ende: »Er besitzt einen Hausschlüssel und was Bademäntel anbetrifft, da ist er nicht sehr wählerisch!«

Das machte das Maß für die Kinder endlich voll. »Komm, Oliver, ich weiß nicht, was wir hier noch sollen, ihr schreibt uns mal …«

»Ihr wollt uns doch jetzt nicht verlassen, in unserer misslichen Lage, in der wir uns befinden, ihr Lieben«, sprach ein Mann väterlich zu den jungen Leuten: »Ich habe die Beichte eurer Mutter hinter der Tür, was, wie so vieles auch nicht statthaft ist, mit anhören müssen …«

»Papa, gut, dass du da bist, dass ihr euch auseinandergelebt habt, müssen wir wohl zur Kenntnis nehmen, aber wie geht's weiter?« Simone, die Vernünftige brachte endlich eine sachliche Variante in eine nie vermutete Affäre.

»Tja, die Geschichte mit dem Alexander ist schon ein dicker Hund, aber das Theater mit dem alten Schweden Herrn Bengtsson und Karlchen und dann noch das Date mit Robert dem Kapitän, das habe ich eurer Mutter schon übel genommen …« Peter, der Vater, der optisch übrigens eine verblüffende Ähnlichkeit mit einem gewissen Alexander aufwies, kam mit seinen Vorwürfen nicht zu Ende …

»Und das mit der schönen Billie vom Supermarkt, das war gar nichts, nicht wahr, eine Anwältin für Familienangelegenheiten prima passend und die vielen Gärtnerinnen im Kleingartenverein, die dich angehimmelt haben und ich arme Prinzessin hatte einen schweren Unfall und daran warst du schuld, du dämlicher Alexander, aber vielen Dank für den schönen Ring …« Lydia hing sich an den Bademantelherrn und gab ihm einen saftigen Kuss.

Die Zwei der nächsten Generation standen zunächst fassungslos an oder auch vor dem großen Küchentisch, auf dem urplötzlich eine Flasche Sekt prangte. Simone knuffte ihren Bruder in die Seite und kombinierte plötzlich ganz fröhlich:

»Gripsholm, dieser Begriff kam mir gleich verdächtig vor und die Prinzessin und Karlchen und Billie, alles Figuren aus Tucholskys altmodischen Erzählung. Mein lieber Bruder, da sind wir wieder einmal auf die gelebte Fantasie unserer Mutter Lydia hereingefallen. Rollenspiele, ihre große Leidenschaft, dieses Mal im Urlaub vor fremden Menschen und Peter, der arme Kerl, unser pedantischer Jurist und Vater, musste auch mit ran. Wo seid ihr denn gelandet, wenn nicht im schwedischen Schloss?«

»In einem sympathischen Kleingartenverein mit lieben Menschen in Mecklenburg!«

Und so mochten in den letzten Wochen gewiss doch Welten explodiert sein, so wie sie es immer wieder taten und tun, gewiss waren diese verschmolzen zu schwarzen Löchern und vielleicht waren auch Universen verschwunden in den ungeahnten Weiten des Raumes ohne Spuren zu hinterlassen, waren Landmassen versunken im Meer, Vulkane hatten glühende Lava gespien, gewiss hatten sich Völker geschlagen oder sich aufgerichtet. Gewiss waren sich Menschen begegnet, wie sie es überall auf unserer Erde tun, sie hatten, ja haben keine andere Wahl, es gibt zu viele. Doch nur von zweien, die sich auf einem Bahnsteig begegnet waren, und schon Jahrzehnte zuvor einmal, handelte diese frühlingshafte Erzählung.

ANMERKUNG

Das verwendete Johnson-Zitat auf Seite 91f. dieser Erzählung stammt aus dem Kommentar zu Uwe Johnsons »Jahrestage«.
Vgl. dazu http://www.ndl.germanistik.phil.uni-erlangen.de/extras/johnsonkomm/6808/680809.html. (Abgerufen am 12.03.2005)